Teaching Social Communication to Children with Autism and Other Developmental Delays: The Project ImPACT Manual for Parents (Second Edition)

孤独症儿童社交游戏训练

家长手册

（原著第二版）

［美］布鲁克·英格索尔 安娜·德沃茨萨克 • 著
（Brooke Ingersoll） （Anna Dvortcsak）

长和大蕴翻译组 • 译

陈艳妮 李海峰 徐 秀 • 审校

中国轻工业出版社

图书在版编目（CIP）数据

孤独症儿童社交游戏训练：家长手册：原著第二版／（美）布鲁克·英格索尔（Brooke Ingersoll），（美）安娜·德沃茨萨克（Anna Dvortcsak）著；长和大蕴翻译组译. —北京：中国轻工业出版社，2024.1（2025.8重印）

ISBN 978-7-5184-4351-2

Ⅰ. ①孤…　Ⅱ. ①布…　②安…　③长…　Ⅲ. ①孤独症－儿童教育－特殊教育－家庭教育－手册　Ⅳ. ①G766-62

中国国家版本馆CIP数据核字（2023）第012144号

责任编辑：潘　南　　责任终审：张乃柬
策划编辑：戴　婕　　责任校对：刘志颖　　责任监印：吴维斌

出版发行：中国轻工业出版社（北京鲁谷东街5号，邮编：100040）
印　　刷：三河市鑫金马印装有限公司
经　　销：各地新华书店
版　　次：2025年8月第1版第4次印刷
开　　本：710×1000　1/16　印张：13.25
字　　数：80千字
书　　号：ISBN 978-7-5184-4351-2　定价：55.00元
读者热线：010-65181109
发行电话：010-85119832　010-85119912
网　　址：http://www.chlip.com.cn　http://www.wqedu.com
电子信箱：1012305542@qq.com

251340Y2C104ZYW

审校者序

很多年前，我有缘接触到了《自闭症儿童社交游戏训练——给父母及治疗师的指南》（*Teaching Social Communication to Children with Autism*[①]）这本书，就深深喜欢上了书中介绍的这套非常接地气的、针对孤独症及社交沟通发展迟缓的儿童开展的有效实用干预技术。通过学习 F.A.C.T.S.[②] 五大核心策略，我们能够在日常和儿童一起互动的活动中，施展这套技术方案，有效提升儿童的社交参与度，并助力儿童成长过程中非常重要的核心技能——沟通技能、模仿技能和游戏技能的发展。多年来，我一直将这本书大力推荐给我们的医师 / 治疗师和家长们。

现在 ImPACT（Improving Parents As Communication Teachers，让父母成为孩子的沟通训练师）计划又推出该书的第二版，我们团队非常荣幸受邀承担《孤独症儿童社交游戏训练——家长手册》（原著第二版；*Teaching Social Communication to Children with Autism and Other Developmental Delays*）简体中文版的审校工作。ImPACT 计划的第二版《家长手册》[③]，不仅沿用第一版的特色，以简明易懂的语言介绍F.A.C.T.S. 五大核心策略，而且进一步增加了促进家长自我反思的督导策略，包括“动动脑”“序列图”“在家试试看”“练习计划表”等一系列可操作性强的教学技巧，更好地引导家长学习和掌握 ImPACT 策略，帮助家长在和孩子的

① 本书的简体中文版已由中国轻工业出版社于 2012 年出版。——编者注

② 即“专注于孩子（Focus on Your Child）”“调整沟通方式（Adjust Your Communication）”“创造机会（Create Opportunities）”“教授新技能（Teach New Skills）”和“塑造互动（Shape the Interaction）”五大策略的简称，正文中有详细介绍。——编者注

③ 指本书，后文同。——编者注

日常相处中有效实施策略，成为孩子社交沟通的老师。

我们相信，新一版的 ImPACT《家长手册》，能让更多的家长和治疗师受益匪浅，大大提升他们和孩子的社交沟通互动质量。

徐秀

复旦大学附属儿科医院儿童保健科主任

译者序

如果说医疗和特殊教育专业技术人员筛查、诊断、评估、干预治疗孤独症儿童，对父母而言是“授之以鱼”；那么在专业技术人员的指导下，通过循证方法指导父母在家庭生活中与孩子进行长期有效的社交游戏训练，持续提高孩子的各项技能水平，就是“授之以渔”。ImPACT 计划就是这样一个“授之以渔”、基于循证的最佳实践方法之一——由美国国家孤独症循证和实践中心（National Clearinghouse on Autism Evidence & Practice，NCAEP）引用，并获得美国国立卫生研究院（National Institutes of Health，NIH）和美国“孤独症之声（Autism Speaks）”机构的支持。

在北京长和系国际医疗投资管理有限公司（以下简称“长和医疗”）多年追求高品质服务的实践过程中，我们一直在思考：面对特殊儿童的成长发展需要，如何将“以家庭为中心”的原则落实于具体的服务？如何将家长参与式干预（parent-mediated intervention，PMI）、游戏与文化介入（play and culture intervention，PCI）等重要理念有效传递给家庭？这些有意义的探索需要我们找到更为简明、更易实操的方法论，需要更为系统实效的指南和流程，ImPACT 计划则为此提供了最佳的指导和应用选择。

2019 年 8 月，长和医疗与 ImPACT 计划创始人布鲁克·英格索尔（Brooke Ingersoll）和安娜·德沃茨萨克（Anna Dvortcsak）开始探讨将该计划引进中国的相关事宜。从 2021 年 1 月至今，长和医疗联合国内权威医疗机构和行业学会共同举办了 10 期介绍、进阶和专家认证培训班，共有来自全国 170 家机构的 482 名专业技术人员参训，在行业内获得了广泛好评。2021 年 3 月，受 ImPACT 计划的配套图书和培训教材（即《孤独症和其他发育迟缓儿童的社交游戏训练——教练手册》[①]和《孤独症儿童社交游戏训练——家长手册》）的中文简体版版权方中国轻工业出版社“万千心理”邀请，长和医疗牵头组织中国医疗康复领域知名专家团队，于 2021 年 5 月共同开启 ImPACT 计划的第二版图书的翻译和审校工作。

《孤独症儿童社交游戏训练——家长手册》（原著第二版）是 2012 年出版、广受好评的《自闭症儿童社交游戏训练——给父母及训练师的指南》的新版，主要描述了如何帮助孤独症儿童提高社交沟通能力，详解每项训练技术并提供标准干预计划，让父母掌握可用于在日常生活中提高孩子技能水平的五大策略：**专注于孩子**、**调整沟通方式**、**创造机会**、**教授新技能**和**塑造互动**。这些策略也适用于有社交沟通问题的儿童。第二版新增了一个行为管理章节，以支持正在经历孩子的行为挑战的父母。《孤独症和其他发育迟缓儿童的社交游戏训练——教练手册》（原著第二版）是针对 0 ~ 6 岁患有孤独症谱系障碍（autism spectrum disorder，ASD）和相关社交沟通问题的儿童的最有效的家长辅导手册之一，适合临床和教育心理学家、儿童精神科医生、早期教育和特殊教育教师、社会工作者、应用行为分析（applied behavior analysis，ABA）治疗师、言语治疗师、神经心理学家和儿科医生等专业技术人员指导家长使用。这套书的实用性和专业性得到了广泛认可，世界各地健康科学图书的核心数据库和参考工具——杜迪评价服务（Doody's Review Service）对其做了如下描述：“这套书既包含用于辅导家长的优秀指南，也有供家长直接使用的手册。两本手册都由专家撰写，非常实用，提供了学习干预原理和技巧的详细方法，对临床工作者和家长都大有裨益。”

本书的翻译工作经历了许多困难和挑战。欣慰的是，合作伙伴们始终保持着精诚合作的态度；经过三年的不懈努力，这本书终于要面世了。在此，我们要向在这本书的翻译、出版过程中做出贡献的每一位专家和长和

① 英文书名为 *Teaching Social Communication to Children with Autism and Other Developmental Delays: The Project ImPACT Guide to Coaching Parents*，为本书的配套用书。——编者注

医疗的员工致以最真挚的感谢。我们要感谢复旦大学附属儿科医院儿童保健科徐秀教授和董萍、李慧萍、周秉睿医生，西安交通大学附属儿童医院陈艳妮教授和何玉莹医生，浙江大学医学院附属儿童医院康复科李海峰教授和徐佳露医生，长和医疗的翻译人员林丰、沈佩珊、吴静怡和徐丹彤；感谢长和医疗海外子公司的章捷在项目引进、与海外出版社和项目作者沟通，以及长和医疗培训部的李钦、肖越在中国专家翻译团队的组织协调、与中文简体版出版方联系的过程中的努力。值得一提的是，林丰花费大量时间致力于统筹翻译稿、审阅等细节工作。是上述人员共同的辛勤付出和专业支持，推动了这本书的翻译和出版进程。

2022 年 9 月，国家卫生健康委员会发布了《0 ~ 6 岁儿童孤独症筛查干预服务规范（试行）》，其中明确指出："鼓励父母和家人学习孤独症相关知识和家庭干预方法，主要原则包括：对孤独症儿童行为的理解、接纳、包容、尊重和关爱；对孤独症儿童的情绪和行为问题，通过养育过程中的陪伴互动、生活照护和游戏玩耍，以快乐、适度和巧妙的方式，进行家庭干预；关注儿童的成长表现，发现儿童的特殊兴趣和个人能力，进行相应的培养和转化。"

我们衷心希望，本书的出版能够帮助更多的父母理解孤独症儿童的特殊需求，掌握与孩子进行社交游戏的循证方法和技术，为孩子的成长提供长期、标准、科学的支持和帮助。

长和医疗 ImPACT 计划联合翻译组

2023 年 10 月

致　谢

本手册中介绍的家长参与式干预计划——ImPACT 计划——是历经超过 15 年的时间，在美国与加拿大数百个家庭和多个早期干预中心进行研究发展及实施的结果。如果没有众多家庭、专业人员和项目管理人员的支持，ImPACT 计划的研发是不可能实现的。他们的参与及反馈意见使此计划的质量得以提高。我们特别感谢参与案例视频制作的家庭，对于他们所提供的帮助，我们心怀感激。

此计划受到了许多儿童孤独症和其他发育障碍的家长参与式干预领域的先驱的影响，包括劳拉·施赖布曼（Laura Schreibman）、罗伯特·凯格尔（Robert Koegel）、安·凯泽（Ann Kaiser）、杰拉尔德·马奥尼（Gerald Mahoney）和詹姆斯·麦克唐纳（James MacDonald），以及加拿大安大略省多伦多市的哈宁干预中心（Hanen Centre）。

我们要感谢美国俄勒冈州波特兰市的前听力和言语研究所，以及其执行董事唐纳德·拉什默（Donald Rushmer）对原创项目开发的支持。我们还要感谢该研究所的语言病理学家克劳迪娅·迈耶（Claudia Meyer）和埃丽卡·斯蒂尔（Erica Steele），她们在整个项目开发过程中提供了反馈，并帮助试行了一对一家长辅导模式。此外，我们要感谢波特兰州立大学的乔尔·阿里克（Joel Arick）和俄勒冈教育部，感谢他们支持小组辅导模式的发展并为其传播提供帮助；感谢科里·希斯基（Corey Hiskey）拍摄了原始的案例视频。我们还要感谢美国西北地区教育服务区（Northwest Regional Education Service District）的工作人员试行了最初的小组家长辅导模式。特别感谢项目总监南希·福特（Nancy Ford）、项目协调员希拉·马吉（Sheila Magee）、孤独症专家凯伦·谢泼德（Karen Shepard）、言语和语言病理学家黛比·沙利文（Debbie Sullivan）、职业治疗师唐娜·汉密尔顿（Donna Hamilton）以及教师克丽丝塔·布兰森（Krista Branson）和劳拉·林德利（Laura Lindley）。

如果没有密歇根州立大学孤独症研究实验室成员的巨大努力，本手册的第二版及其配套资源是不可能完成的。我们要感谢尼基·邦特（Nikki Bonter）、凯瑟琳·沃尔顿（Katherine Walton）、纳塔莉·伯杰（Natalie Berger）、卡里斯·卡萨格兰德（Karis Casagrande）、凯尔·弗罗斯特（Kyle Frost）、凯特·香农（Kate Shannon）、凯瑟琳·贝里（Kathleen Berry）和迪翁德拉·斯特雷顿（Diondra Straiton）参与了ImPACT计划的研究、对材料的反馈以及案例视频的收集和参与。特别地，我们要感谢凯瑟琳·皮卡德（Katherine Pickard），她的论文工作为本手册的第二版中的许多内容调整提供了重要信息；还要感谢艾莉森·韦纳（Allison Wainer），她主持了关于"社交沟通检查表（修订版；Social Communication Checklist—Revised）"和我们的专业人员培训模式的验证研究。

本书也是圣地亚哥桥梁合作组织（BRIDGE Collaborative）的工作成果——一个连接社区和学术界伙伴关系的组织，致力于帮助患有孤独症和有孤独症风险的幼儿的家庭。桥梁合作组织改编了针对ImPACT计划的第一版《家长手册》，以更好地满足患有孤独症和有孤独症风险的幼儿的需求。在他们的允许下，我们已将他们的一些修改内容纳入了第二版的《家长手册》。我们感谢各类反馈和建议，它们使得《家长手册》更容易被更多的儿童和家庭接受。我们特别要感谢奥宾·施塔默（Aubyn Stahmer）、萨拉·里思（Sarah Reith）、劳伦·布鲁克曼－弗雷齐（Lauren Brookman-Frazee）、玛丽莉·布格森（Marilee Burgeson）、卡伦·瑟西（Karen Searcy）和约书亚·费德（Joshua Feder）对这项计划的持续反馈。

我们还要感谢给予我们有关本书的反馈的其他人，包括黛比·沙利文（Debbie Sullivan）、布伦达·汉考克（Brenda Hancock）、利安娜·海德（Le-Anne Hidde）、约书亚·普拉夫尼克（Joshua Plavnick）、安杰拉·巴伯（Angela Barber）和埃米·德拉霍塔（Amy Drahota）。我们特别感谢黛比·沙利文与布伦达·汉考克允许我们将他们的想法和表单纳入第二版。最后，我们要感谢吉尔福特出版社（The Guilford Press）的编辑罗谢尔·谢尔瓦托尔（Rochelle Serwator）和芭芭拉·沃特金斯（Barbara Watkins），感谢他们对这些材料的呈现方式发表了见解深刻的评论。

布鲁克·英格索尔要特别感谢劳拉·施赖布曼在她整个研究生培训期间给她提供的培训和支持。没有这些，ImPACT 计划的很多内容都无法实现。她还要感谢她的父母，希拉·莫斯特（Sheila Most）和沃伦·英格索尔（Warren Ingersoll），感谢他们在她一生中给予的指导和鼓励。她真诚地感谢她的丈夫马克·贝克尔（Mark Becker）在整个项目开发过程中对她的持续支持（个人层面和专业层面），以及她美丽的女儿安娜贝尔（Annabel）和诺拉（Nora）给她带来的启发。

安娜·德沃茨萨克想要感谢她在雷德兰兹大学的教授，以及与她共事过的许多家庭和专业人士。没有他们的参与，这项计划是不可能完成的。她还要感谢她的丈夫阿列克谢（Alexey），她的姐妹们——卡丽·麦克拉伦（Carrie MacLaren）和薇薇安·索利斯（Vivian Soliz），以及她的父母苏西·库施纳（Suzie Kuerschner）和埃里希·库施纳（Erich Kuerschner）在写作过程中给予她的持续支持、鼓励和耐心。她要特别感谢自己最棒的女儿们——凯塔琳娜（Katharina）和埃拉（Ella），感谢她们的编辑技术、耐心和精神上的鼓舞。

关于本手册

本手册是为了像您这样的家长——存在互动和沟通困难的孩子的家长——而编写的。孩子的情况包括确诊或疑似有社交沟通发展迟缓和孤独症谱系障碍。本手册作为 ImPACT 计划家长培训的一部分使用。ImPACT 的含义为：让家长成为孩子的沟通训练师（Improving Parents As Communication Teachers）。ImPACT 计划不教授育儿技能，而是教您使用特殊的技术帮助您的孩子发展社交沟通技能。这些技术是“循证”的，这意味着它们已经被研究和发现在帮助儿童提高社交沟通技能方面是有效的。许多专业人士在与社交沟通发展迟缓的儿童工作时会使用这些技术，研究表明，家长也可以学习这些技术来帮助孩子。

如果您参加 ImPACT 教练提供的培训，您可以最有效地掌握这些技术。但是，即使您当前没有参加 ImPACT 计划的培训，您也可能会发现这些信息很有帮助。如果您没有接受教练的辅导，我们建议您与了解您孩子的家人、朋友或其他专业人员交谈并与他们分享这些信息。如果您参加了有教练的小组或一对一的 ImPACT 计划，您可以预期在辅导课程中与您的孩子一起练习使用这些技术。您的教练会协助您为孩子设定目标，告诉您该做什么，然后给您练习每种技术的机会，同时提供建议。你们将一同决定哪些技术最适合您和您的孩子。您还将与教练一起计划在家与孩子练习的时间。

许多社交沟通发展迟缓的孩子也伴有行为问题，因为沟通上有困难，所以会发脾气和出现攻击性行为。随着社交沟通能力的提高，孩子的行为问题往往会得到改善。不过，如果孩子有更严重的行为问题，家长可能需要学习额外的策略来管理孩子的问题行为。因此，我们在本手册末尾增加了一个选修章节，名为“管理孩子的问题行为”。该章节描述了积极行为支持策略。您的教练会协助您决定您和孩子是否会从学习这些策略中获益。

本手册是《自闭症儿童社交游戏训练》的第二版。相较于第一版，第二版包含一系列更新，使手册更方便使用，适合更广泛的儿童群体。第二版包含了一系列配套资源[①]，您可以观看家长对孩子使用干预技术的案例视频，还可以下载本手册中包含的所有检查表、练习计划表和其他表单的电子副本。

虽然我们在本手册中使用了“家长”一词，但本计划是为所有社交沟通发展迟缓幼儿的照顾者设计的，包括扩展家庭的成员和法定监护人。为了方便起见，虽然我们知道有许多女孩面临社交沟通困难，我们仍会用人称代词“他”指代孩子。这一用法是为了保持整本书内容上的一致性和清晰性，而不是指代特定的性别。

① 请扫描本书后勒口处的二维码，获取本书的配套资源。——译者注

目　录

本手册表单[1]

① 如果您需要本手册中表单的电子版，请扫描后勒口上的二维码。——译者注

第 1 章

入门指南

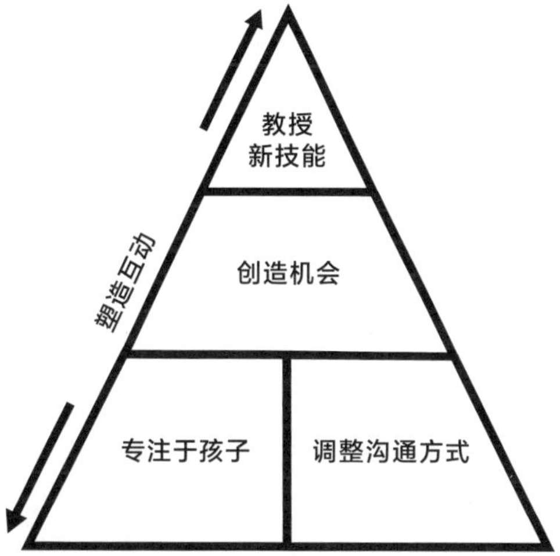

为孩子的社交沟通发展带来积极影响

ImPACT 计划概述

孩子将学习哪些技能

- ❖ 社交参与
- ❖ 沟通
- ❖ 模仿
- ❖ 游戏

为孩子制定目标

ImPACT 计划的 F.A.C.T.S. 策略

- ❖ 专注于孩子（Focus on Your Child）
- ❖ 调整沟通方式（Adjust Your Communication）
- ❖ 创造机会（Create Opportunities）
- ❖ 教授新技能（Teach New Skills）
- ❖ 塑造互动（Shape the Interaction）

为成功做好准备

- ❖ 腾出时间练习
- ❖ 告诉教练您的需求
- ❖ 从团队中获得支持
- ❖ 提前为困难的事情做计划
- ❖ 肯定家人的努力和成就

布置有利于成功的家庭环境

- ❖ 让日常活动变得可预测
- ❖ 确定用来练习的日常活动
- ❖ 腾出时间玩耍
- ❖ 建立游戏空间
- ❖ 减少干扰
- ❖ 轮换玩具和材料

ImPACT 计划概述

有些孩子在社交互动和社交沟通方面有困难。这些困难可能有如下表现。

- 难以进行眼神交流、与他人互动或分享情绪和活动。
- 难以学习手势、说话或遵循指示。
- 难以模仿他人或以富有想象力的方式玩玩具。
- 倾向于以不同寻常且重复的方式重复声音、词语或动作。

这些困难不是因为家长可能做过或没有做什么而造成的。但是，您可以通过使用从本计划中学到的特定教学策略，帮助您的孩子发展社交沟通技能。ImPACT 计划中的“ImPACT”代表：让家长成为孩子的沟通训练师。

ImPACT 计划如何帮助您的家庭

当您学习并使用本计划中的策略时，您可以在每天的日常活动中教导您的孩子。这样做会为您的整个家庭都带来明显的好处。

- 在家里使用这些策略会让孩子有更多学习和练习的时间。这将提高孩子的社交沟通技能，减少他的问题行为。
- 您的孩子将在有意义的活动中学习，比如吃饭、洗澡、睡觉和游戏时间。这将帮助孩子在最重要的环境中使用自己学到的技能，也有助于孩子在新的场景下、在更长的时间里持续使用这些技能。
- 学习这些策略可以让您对自己更有信心，相信自己有能力帮助孩子发展和成长。它还可以使您与孩子的互动更加愉快。参加诸如 ImPACT 计划这类干预项目的家长表示，他们的育儿压力减轻了，与孩子的互动也更为积极。

- 一旦您学会了这些策略，您就可以把它们教给孩子生活中的其他重要他人，包括祖父母和兄弟姐妹，这样他们也可以帮助孩子。

孩子将学习哪些技能

ImPACT 计划将帮助您促进孩子在四个领域的技能，所有这些技能都是学习的关键组成部分。这四个领域是：社交参与、沟通、模仿和游戏。

社交参与

社交互动和参与是社交沟通技能发展的基础。在面对面的社交游戏中，孩子开始通过眼神交流和面部表情与他人互动。随着孩子的成长，他们开始在游戏和其他活动中，使用眼神交流、手势动作和口语表达等方式与他人分享自己对物品的兴趣和注意力。这称为共享注意力（joint attention）。

当孩子在这些交流方式上与人互动出现困难时，孩子将很少有机会从他人身上学习。培养孩子的社交参与是 ImPACT 计划的起点。当您的孩子与您互动时，他就可以从您身上学习。

沟通

沟通是儿童理解和使用面部表情、手势动作、声音、词语和句子的方式。在儿童发展口头语言（verbal language）之前，他们通过非言语行为进行交流，比如眼神交流和发声，然后是手势，比如伸手、展示、给和指。儿童的沟通有各种各样的目的，包括想要某物（要求）、告诉您他们不喜欢的事情（抗议）、寻求人们的关注、告诉您他们看到的事情（评论）、分享信息和做您要求的事情（遵从您的指令）。

不能独立有效沟通的孩子很难表达自己的需求，可能会发展出问题行为以满足自己的需求。ImPACT 计划能够帮助您教孩子如何更好地沟通，根据他目前的技能，使用手势、词语或句子。本计划侧重于培养孩子的自发沟通，这样孩子就可以独立与他人交流。这也有助于您的孩子更好地理解并遵从您的指令。

模仿

模仿或仿照他人正在做的事情对孩子的发展很重要。孩子通过模仿学习新的技能，比如如何玩新玩具、执行新任务或者使用新词，并向他人表达自己的兴趣。孩子会先模仿熟悉的动作，他们自己做的动作。随着孩子长大，他们开始模仿新的动作，并通过游戏中的来回模仿与其他孩子产生互动。

当孩子在模仿上出现困难时，互动和学习新技能会变得更加困难。本计划能够帮助您教孩子在游戏和其他熟悉的日常活动中模仿您，并鼓励孩子进行有来有回的社交模仿。

游戏

游戏是为了好玩而与玩具或其他物品进行互动的过程。游戏技能很重要，因为孩子通过游戏活动来发展和练习新的语言与社交技能。游戏还有助于培养孩子解决问题的能力、想象力、换位思考的能力和运动技能。孩子通过游戏相互交流，所以发展游戏技能对同伴互动很重要。假装游戏和语言都涉及象征性思维，或者理解一种事物可以代表另一种事物。因此，鼓励假装游戏可以加强语言技能的基础。

有些孩子不以传统的方式做游戏。他们或对玩具不感兴趣，或以不常见或重复的方式做游戏。本计划向您展示如何帮助孩子以更灵活、更有创造力和更复杂的方式做游戏。

为孩子制定目标

一开始先为您的孩子制定目标是很重要的。制定目标有助于您了解如何让孩子从他现在的发展阶段前进到您期望的发展阶段。它还能让您看到孩子的进步。您可以从识别孩子目前在上述各个方面的技能水平开始。

您和您的教练将各自完成一份“社交沟通检查表（Social Communication Checklist）”（家长版的检查表是本章末尾的第一张表单）。此表单询问的是关于孩子目前在四个技能领域中的能力的问题。表单上的能力按照大多数儿童学习这些技能的顺序排列。您填写好的表单可以显示孩子目前的技能水平和下一阶段的技能水平。您也可以通过社交、沟通、模仿和游戏能力发展表（表 1.1、表 1.2、表 1.3 和表 1.4）更好地了解孩子目前的发展水平，以及随着孩子成长，他可能会取得的进展。

表 1.1 社交能力发展表

社交阶段	描述
反应性参与	• 面对面游戏时看着您并微笑。 • 当您加入他的游戏时，他能和您一起玩。 • 当您对他微笑时，他也会回以微笑。
相互性参与	• 使用眼神交流、微笑和发声来保持面对面游戏的进行。 • 和您一起来回发出声音。
协调性共享注意力	• 在共享活动中，看向物体，然后看向您。 • 在玩玩具时，使用眼神交流、微笑和发声来与您互动。
回应共享注意力	• 当您指着某物或看向某物时，孩子能看着它来回应。 • 对于要求轮流有回应。
发起共享注意力	• 给出、指向或展示要分享的物品。 • 开始轮流玩玩具或其他物品。

表 1.2　沟通能力发展表

沟通阶段	描述
前意图期沟通	• 无缘无故地哭、发出“咕咕”声、微笑和抓握。 • 使用眼神交流。 • 牙牙学语和发声。
前语言期沟通	• 通过指向某物或伸手来要求获得物品或食物。 • 使用手势动作或发声来抗议。 • 给他人或向他人展示要分享的物品。 • 牙牙学语变得更像说话。
早期语言	• 自发使用单字来表达要求、抗议、命名、评论和获得关注。 • 遵循简单的指令。 • 打招呼和告别。 • 模仿语言。
词语组合	• 出于多种原因，将两个词放在一起使用。 • 每天使用许多词并学习新词。 • 组合字词时使用名词、动词和描述词。 • 能回答关于“什么”和“哪里”的问题。 • 能问“那是什么？”。 • 命名时能指着物品、身体部位、熟悉的人和图片。 • 能遵循简单的指令。
句子	• 使用各种短语和句子。 • 使用复数、介词、不同的动词时态和代词进行交流。 • 讲述过去和未来的事情。 • 提问以获取信息，比如“那是什么？”“我的小汽车在哪里？”或“为什么我不能吃蛋糕？”。 • 用语言表达情绪。 • 能回应大多数问题，包括关于“怎么样”“为什么”和“什么时候”的问题。 • 能够遵循两步指令。 • 开始进行来回式对话。

（续表）

沟通阶段	描述
复杂语言	• 出于多种原因，在许多不同的语境中使用各种句子。 • 同时使用口头语言和非口头语言。 • 讲述简单的故事。 • 理解抽象语言。 • 遵循多步指令。

表 1.3 模仿能力发展表

模仿阶段	描述
共同模仿	• 当您模仿他时，他会更多地微笑并看着您。 • 能模仿熟悉的发声和简单的运动动作。
立即模仿	• 当您模仿他时，他会改变他正在做的事情，看您是否继续模仿他。 • 当您鼓掌、挥手或指着物品时，他会模仿您。 • 能用物品和玩具来模仿熟悉的或新的动作。
延迟模仿	• 能够立即和延迟连续模仿两个或多个动作。 • 即使您没有向他展示，他也能模仿您打算做的事情。
相互模仿	• 在较长时间内，交替进行模仿您和被您模仿。

表 1.4 游戏能力发展表

游戏阶段	描述
探索性游戏	• 通过触摸、咬、视觉检查、敲打、丢和摔的方式探索玩具和物品。 • 对新物品表现出兴趣。
组合性游戏	• 将玩具和物品放在一起。 • 嵌套和堆叠玩具。 • 将物品放入容器中。

（续表）

游戏阶段	描述
因果性游戏	• 玩弹出式玩具。 • 按下按钮或转动旋钮，启动玩具。
功能性游戏	• 将缩小版玩具用于预期的目的（推动小汽车、将电话放在耳边等）。 • 做以自己为导向的游戏动作（假装吃饭或睡觉）。 • 做以您为导向的游戏，然后转向娃娃（喂您吃东西、让娃娃睡觉等）。
假装游戏	• 假装一个东西代表另一个东西（把积木当成车）。 • 赋予物品其原本不具备的特性（玩具炉很烫）。 • 将人物拟人化（让洋娃娃走路）和做哑剧动作（倒"茶"）。 • 将几个假装动作串在一起，讲述一个故事。
戏剧性游戏	• 假装自己是其他人物，比如动物、消防员或超级英雄。 • 和同伴一起玩假装游戏，讲故事或表演事件。 • 以更具合作性的方式玩游戏。

为孩子制定目标时，有一些事项需要提前考虑。

- 一次只选择几项孩子要学习的技能。我们建议在每个核心领域，针对孩子目前的难点设定一到两个目标。
- 目标对您和孩子而言应该是有意义且重要的。
- 您选择的目标应该是孩子在计划周期内能够实现的目标。恰当的社交沟通目标是比您的孩子所能达到的水平高出一步的技能。通常情况下，这些技能是您已经在表单上表明孩子"有时，但不总是"能做到的行为。当您的孩子要学习新技能时，您总是可以再添加新的目标。

您的教练将帮助您将长期、宽泛的目标，转化为你们在一起工作期间可以共同聚焦的更具体、可测量的目标。您将在"儿童目标表（Child Goals）"（本章末尾的第二张表单）上写下您确定的目标。

ImPACT 计划的 F.A.C.T.S. 策略

您将在日常生活和与孩子的互动中使用 ImPACT 策略，以帮助孩子实现目标。您将学习五组彼此相辅相成的策略：**专注于孩子**（Focus on Your Child）、**调整沟通方式**（Adjust Your Communication）、**创造机会**（Create Opportunities）、**教授新技能**（Teach New Skills）和**塑造互动**（Shape the Interaction）。我们称它们为 ImPACT 计划的五大策略，以 F.A.C.T.S. 这几个首字母缩写来表示。对于每一组策略，您将可以学到一种或多种可以用来帮助您孩子的技术。F.A.C.T.S. 金字塔（如第 1 页所示）将在整个计划中使用，以帮助您记忆。（请注意，在本书中，F.A.C.T.S. 五大策略会以**黑体**字标出。构成 F.A.C.T.S. 特定技术的名称，如隶属于“**专注于孩子**”的“跟随孩子的引导”和“模仿孩子”技术，会用另一种字体——魏碑显示。）

首先，您将学习**专注于孩子**和**调整沟通方式**。这两组策略有助于孩子与您互动和投入活动，而且能贯穿整个互动环节。这一点很重要，因为孩子在积极参与的时候技能习得的效果最好。当您使用这些策略时，您让孩子选择活动；您和他保持面对面，一边参与活动，一边使用夸张的手势动作和简单的语言；然后您等待并观察他的反应。您要以合理的方式回应孩子的所有行为，包括眼神接触、手势动作、声音、语言和情绪，以及孩子对您的行为的观察或模仿。这将教会孩子，他的行为具有意义，并能得到您的回应。

序列图 1.1 展示了一个例子，说明萨拉的妈妈如何在洗澡时使用这些策略，以鼓励萨拉和她互动更长的时间。萨拉洗澡时正在玩，把水从杯子里倒出来。妈妈通过和萨拉面对面和模仿萨拉倒水的方式练习**专注于孩子**。她用简单的语言描述她们在做什么，以此练习**调整沟通方式**。每一分钟，妈妈都在等待，看萨拉会怎么回应。萨拉通过看向妈妈来回应。妈妈继续模仿萨拉，并使用简单的语言。

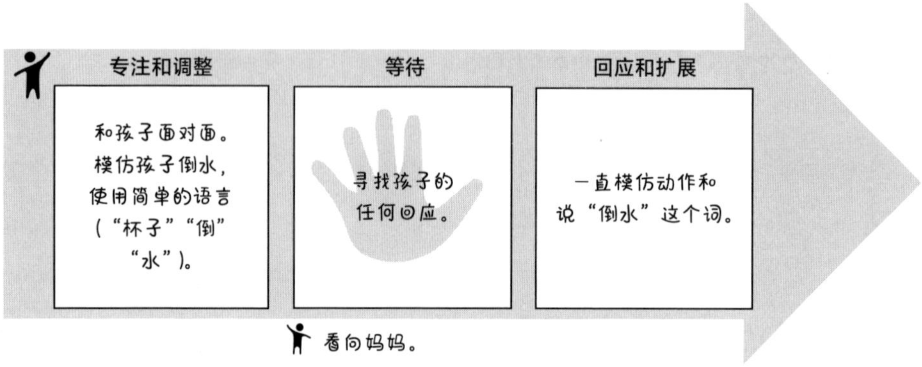

序列图 1.1

接下来，您将学习如何**创造机会**。这组策略会帮助您的孩子主动发起沟通——也就是，开始自发地与您沟通或做游戏。主动性非常重要，因为无法主动开启互动的孩子在成长过程中很难从既往的经历中获取经验。如果您的孩子不主动进行沟通或您想吸引孩子的注意力，可以使用**创造机会**这一组技术来帮助他主动发起互动。当您使用这一组策略时，您会继续关注您的孩子并调整您的沟通方式。然后，您可以为孩子创造机会，让他向您展示或告诉您他想要什么，而您就耐心等待。您以合理的方式回应孩子的行为，并扩展他说的话或所做的事。

让我们再回来看看萨拉的例子。萨拉洗澡时在玩耍，把水从杯子里倒出来。萨拉的妈妈继续用**专注于孩子**和**调整沟通方式**，然后她以轮流使用杯子的方式练习**创造机会**。这鼓励萨拉主动发起沟通。萨拉的反应是伸手去拿杯子（主动发起互动）。妈妈把杯子递给萨拉作为回应，然后用手指着杯子并说“杯子”，从而扩展萨拉伸手的行为。互动过程如序列图 1.2 所示。

伸手拿杯子可能并不是萨拉妈妈希望萨拉用以沟通的方式。她可能更希望萨拉用词语或指向杯子，但是萨拉伸手拿杯子是一个主动发起互动的行为，而这是 ImPACT 计划的主要目标之一。因此，妈妈把杯子递给萨拉，以此作为回应，并通过说“杯子”这个词向萨拉展示了更复杂的沟通方式。

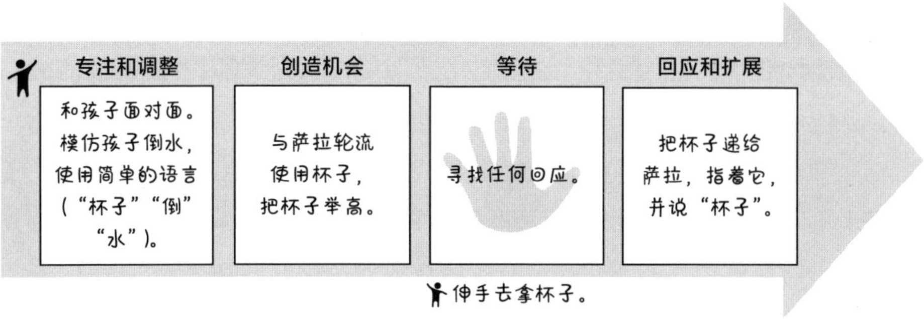

序列图 1.2

在此之后，您将学习**教授新技能**。这组策略使用提示和奖励来帮助孩子以新的、更复杂的方式进行沟通、模仿或游戏。当您教授新技能时，您会继续关注您的孩子，调整您的沟通方式，创造机会，并等待孩子回应。但在这个阶段，您不是对孩子做的任何动作都做出回应，而是帮助他使用一种特定的新技能，并等他使用了新技能时才奖励他。

在序列图 1.3 中，萨拉的妈妈用**教授新技能**来帮助萨拉以一种新的且更复杂的方式沟通。请注意，前三个步骤与鼓励孩子主动发起沟通是相同的。不同的是，萨拉伸手拿杯子时，妈妈并没有立即给她杯子。相反，妈妈提示萨拉使用一个更复杂的技能：指向杯子。然后，妈妈等待行为出现。当萨拉没有回应时，妈妈给了她一个更具支持性的提示，把萨拉的手变成“指”的手势。这相当于萨拉指向杯子。这时，妈妈给萨拉杯子作为奖励，并说“杯子”来扩展萨拉的回应。鼓励孩子主动发起互动和教授新技能之间的一个关键区别在于，您什么时候回应和奖励孩子的行为。

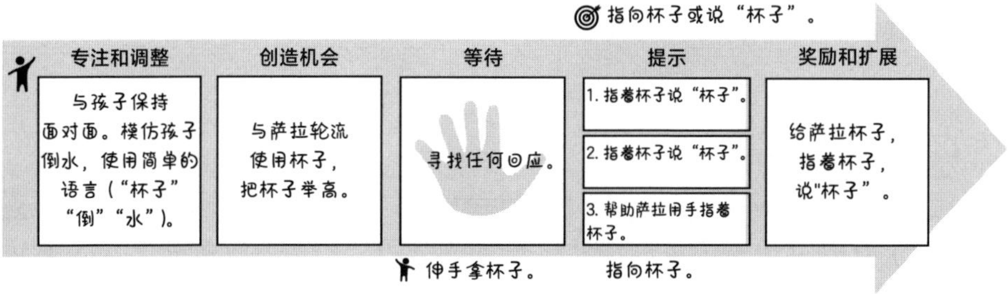

序列图 1.3

使用新技能对孩子来说具有挑战性，这是好事。但是如果您经常使用这个策略，孩子可能会觉得受挫。出于这个原因，您使用**教授新技能**的频率会比使用**专注于孩子**和**调整沟通方式**的频率要低。

在课程结束时，您将学习如何根据孩子的回应，通过在 F.A.C.T.S. 金字塔中上下移动来**塑造互动**。您将会在好玩、有趣的策略（让孩子保持互动）和更具支持性、能够向孩子教授新技能的策略之间切换。

为成功做好准备

因为这是一项家长辅导计划，所以为您的成功做好准备很重要。这里有一些建议可以帮助您在家里成功应用 ImPACT 计划。

腾出时间练习

学习新技能需要时间和练习。如果您每天留出一点时间和孩子一起练习这些策略，您就给了自己最大的成功机会。最终，这将成为您日常生活的一部分。

- 我们建议每天至少进行 15 ~ 20 分钟的练习。您可能发现每天抽出一点时间来练习策略会更容易。您的教练可以帮助您确定练习的时间和地点。
- 在学习这些策略的过程中，您可能会想减少其他事务。与您的教练谈一谈您可能需要的支持，以便腾出时间学习和练习技术。

告诉教练您的需求

对于有些家长来说，最佳的学习方式是阅读；对其他家长来说，则可能是听课或讨论，又或是观察。让您的教练了解您最佳的学习方式。如果一开始不确定也没关系。随着课程进行，这一点会变得越来越清晰。

动动脑

对您来说，什么是最佳的学习方式？

- 您可能会觉得课程中的某些策略学起来比其他策略更自然。这也没什么问题。告诉您的教练，您觉得哪些策略容易，哪些困难。您的教练可以通过练习帮助您获得更多的信心。
- 在与教练见面后，您可能会想到一些问题。您可以将问题、成功或难点记录下来，以便在下次会面时与教练分享。

您最了解自己的孩子。如果您正在学习的东西不适合您或孩子，请告诉您的教练。

从团队中获得支持

如果您在参与 ImPACT 计划期间有团队支持，这对您来说会有帮助。这个团队可以包括孩子的家人、朋友或其他服务提供者——所有可以帮助您让这个计划获得成功的人。

动动脑

完成此计划的过程中，您可以向谁寻求支持？

- 联系家人和朋友，让他们知道他们可以提供什么帮助。例如，在您与孩子练习时，他们可以为您照顾其他孩子，或者接管您的一些责任，以便您可以参加课程。
- 您可以与教练讨论如何让您的家人和朋友加入此计划。您也可以与家人分享您所学到的策略。
- 与孩子的其他服务提供者讨论此计划，以便他们能够在您学习的内容上给您提供支持。
- 如果您不是和教练一起学习，想一想能够寻求谁的协助以完成此计划。

提前为困难的事情做计划

如果您提前为困难的事情做计划，当出现问题时，您将更有可能成功解决困难。

动动脑

完成此计划的过程中，可能会遇到什么困难？

- 提前想一想哪些事情可能会妨碍您完成这项计划。例如，这可能包括前来上课的交通问题、日程上的冲突、给孩子的兄弟姐妹找看护、安排时间或让家庭成员加入等。
- 与您的教练谈一谈您认为可能遇到的挑战，并一起思考可能的解决方案。

肯定家人的努力和成就

在计划进行过程中，您有时可能会感到不知所措或挫败。我们都会偶尔有这种感受！请不要对自己太苛刻。

- 每天把孩子做得好的事情记录下来，即使是很小的事。这些成就可以提醒您孩子每天的进步。
- 肯定您自己的成就。提醒自己您每天为孩子所做的每一件事情，并表扬自己学会和孩子互动的新方式！

布置有利于成功的家庭环境

您将在与孩子的日常互动中使用ImPACT策略，例如游戏时间、吃饭时间、穿衣时间或洗澡时间。您在日常活动中额外投入一点时间，可以为孩子创造许多学习机会，而不会对您的日程产生很大的影响。当您的孩子每天有许多机会在有意义的活动中使用某项技能时，他就更容易在新的场景中使用该技能。这称为*泛化*（generalization）。通过给家里做一些小小的改变，您可以在日常活动中最有效地学习和使用这些策略。

让日常活动变得可预测

许多年幼的孩子在知道将会发生什么事情时会感到更自在。让您的日常活动变得可预测，这样您可以帮助孩子了解接下来会发生什么事。这有助于减少孩子的挫败感，让孩子更容易与您互动，并减少问题行为。

- 尽可能每次以相似的方式进行日常活动。例如，睡觉前总是穿上睡衣，带孩子上床睡觉，然后给孩子读绘本。
- 试着每天在相同的时间进行主要的日常活动。这些日常活动包括起床、吃饭、午睡、洗澡和上床睡觉。

> 有些孩子在进行某些日常活动时会遇到困难。如果您的孩子在某一项日常活动中遇到极大的困难，而且本课程的策略不起作用，您和教练可以决定是否学习第8章“管理孩子的问题行为”。

- 尽可能每天重复这些日常活动，这样孩子可以习惯它们。可预测性非常重要，尤其是对于孩子起初可能不喜欢的日常活动。
- 让游戏时间变得可预测，帮助孩子习惯和您做游戏。例如，总是在午饭后、孩子午睡醒来时、放学后或晚饭后马上玩游戏。

确定用来练习的日常活动

最适合使用这些策略的日常活动是那些对孩子而言熟悉且有意义，并且对您来说可管理的活动。

- 使用“日常活动时间表（Daily Activity Schedule）”（本章末尾的第三张表单）帮助您和教练确定最适合用来练习的日常活动。我们在这张表单上列出了从起床到睡觉的一些常见活动。
- 适合教学的日常活动是您和孩子每天都在做的，而且孩子也很熟悉

动动脑

您认为哪些活动最适合用来教您的孩子？

的活动。

- 想一想孩子喜欢哪些日常活动。如果您的孩子不喜欢某项日常活动，您在使用策略时可能会遇到困难。
- 试着在您的日常活动中增加5～10分钟的教学时间，并确保您可以专注于孩子。不要选择一项您通常会匆忙完成或无法关注孩子的日常活动。

注意您一天中花了多少时间和孩子互动。此计划的目标是教您在和孩子现有的互动时间里可以使用的策略。

- 当您在日常活动中开始教学时，您可能会注意到有些策略在某些日常活动中效果最好。提前想一想在特定的日常活动中，哪些策略的效果会最好。例如，您一开始学习的策略，通常在孩子导向的活动（例如游戏）和孩子喜欢的日常活动（可能包括洗澡时间、阅读时间或点心时间）中的效果最好。
- 您可以在一项日常活动中使用某些技术，而在另一项日常活动中使用其他技术。如果您在您尝试的每项日常活动中没有用到所有的技术，那也没关系。本手册提供了关于如何在不同的日常活动中使用每一种干预技术的建议，所以请一定要阅读针对每一项技术的“在家试试看！”表格。

腾出时间玩耍

为您的孩子特别准备一套他喜爱的玩具，让他只有在和您一起做游戏时才可以玩。这可以让孩子对你们一起玩耍的游戏时间感到更兴奋、更有动力。

对幼儿来说，游戏是一项非常重要的日常活动。儿童在与他人玩游戏的过程中发展社交沟通技能。因此，每天腾出时间和您的孩子一起玩游戏是非常重要的。

- 试着每天抽出至少15～20分钟，坐下来和您的孩子一起玩耍。在这段时间里，请将所有的注意力放在孩子身上，并尽量避免被打扰。对于日程繁忙的家庭来说，这似乎是一段很长的时间。如果您觉得这个时间太长，可以先在一天中安排几次时间较短的游戏互动。

建立游戏空间

选择一个您经常和孩子一起做游戏的地方，这有助于孩子理解你们一起玩耍的游戏时间是什么样的。您和孩子越靠近彼此，就越容易互动。如果您的孩子在游戏时很难靠近您，请建立一个更小、更私密的空间，让孩子靠近您。随着游戏变得越来越容易，您可以挪到更大的空间里。

- 在家里布置一个房间或一个特别的地方，供游戏时使用。
- 试着重新摆放家具，布置一个更小的空间。有些家庭通过以下方式建立了较小的游戏空间。
  - ✧ 移动桌子或沙发以围起房间的角落，用于游戏。
  - ✧ 使用浴缸。
  - ✧ 使用衣帽间。
  - ✧ 在一个大房间里放一张床单或隔板。
  - ✧ 在桌上铺一张大毯子或床单来搭建帐篷。
  - ✧ 用沙发垫做一个堡垒。
- 您选择什么空间将取决于您的孩子和家庭环境。它可以是一个固定的永久空间（例如，一个小房间或摆放家具），也可以是在您想用的时候临时搭建的空间（例如，做一个帐篷）。
- 当您刚开始学习使用干预技术时，有一个较小的游戏空间尤其有用。
- 您需要重新布置环境的次数，取决于孩子做游戏时持续待在您身边的能力。

动动脑

您可以在家里建立什么样的空间和孩子一起做游戏？

减少干扰

当您是房间里最有趣的对象时，孩子会更容易注意到您！

- 尽可能减少响亮的声音、强烈的气味、令人分心的景象和其他感官刺激。
- 在你们一起做游戏时，请关闭电子设备，比如电视、平板电脑、手机、视频游戏或计算机。如有必要，移除这些物品或用床单、毯子等盖住它们。
- 收拾好杂物和其他让人分心的物品，比如多余的玩具。
- 一次只拿出一两个玩具来帮助孩子注意到您。您拿出的玩具数量将取决于孩子的兴趣和注意力。

动动脑

什么声音、景象或物品会分散孩子的注意力，或让您很难和他一起玩？

轮换玩具和材料

许多孩子会对玩具或其他游戏材料感兴趣几个星期，然后就丧失兴趣。让事物保持有趣的一种方法是轮换不同的玩具，这样您的孩子每隔几周就会有“新的”游戏材料。

- 把孩子的玩具分成几组。每组都应该有一些孩子非常喜欢的玩具和一些他没那么喜欢的玩具。
- 选择一组玩具使用，把其他玩具放在柜子、车库、地下室或箱子里。
- 一旦孩子对某一组玩具失去兴趣，就把它们收好，拿出下一组。
- 对许多孩子来说，每 2 ~ 3 周轮换一次玩具是有帮助的，但是要根据孩子的兴趣来决定轮换的频率。

动动脑

您可以把孩子的哪些玩具放入一组进行轮换呢？

本章末尾的最后一张表单是一份练习计划表，它将帮助您**布置有利于成功的家庭环境**。您的教练会协助您完成练习计划表的上半部分，并告诉您在家练习后将如何完成下半部分。

一些学校或图书馆有“玩具交换中心”，您可以从那里借玩具使用几周。或者您可以和有小孩的朋友或邻居交换玩具。

社交沟通检查表（家长版）

孩子姓名：＿＿＿＿＿＿ 家长姓名：＿＿＿＿＿＿ 日期：＿＿＿＿＿＿

完成“社交沟通检查表”可以帮助您更好地了解孩子当前的社交沟通技能，并帮助您在社交参与、沟通、社交模仿和游戏方面选择合适的目标。技能按照幼儿一般的发展顺序列出。**请根据您的孩子能够独立做的事情（即没有您帮助的情况下）填写此表单**。

- 对于每项技能，请指出您的孩子使用的频率：经常（至少 75% 的时间）；有时，但不总是；很少或还没有。
- 对于第 32—36 题，如果您的孩子“经常”或“有时”使用该技能，请同时指出孩子更常用的策略类型（非言语策略或言语策略）。
- 如果您的孩子以前使用过某项技能，但现在因为能使用更复杂的技能而不再使用以前的技能（例如，孩子过去会以牙牙学语的方式沟通，但现在会使用词语沟通），请在以前的技能一项中选择“经常”。

技能	经常（至少 75% 的时间）	有时，但不总是	很少或还没有
社交参与			
1. 您的孩子喜欢和您面对面互动吗？			
2. 您的孩子是否亲近您或其他家庭成员？			
3. 您的孩子是否能与您进行简单的社交游戏，至少 3 个回合（例如，躲猫猫、追逐或拍手歌）？			

（续表）

技能	经常（至少 75% 的时间）	有时，但不总是	很少或还没有
社交参与			
4. 您的孩子在社交游戏中是否能保持与您积极互动至少 5 分钟？			
5. 您的孩子在社交游戏中是否能保持与您积极互动至少 10 分钟？			
6. 您的孩子在玩具游戏中是否能保持与您积极互动至少 2 分钟？			
7. 您的孩子在玩具游戏中是否能保持与您积极互动至少 5 分钟？			
8. 您的孩子在玩具游戏中是否能保持与您积极互动至少 10 分钟？			
9. 您的孩子是否会在您停止游戏后主导游戏或尝试继续游戏（例如，使用眼神交流、对您微笑、发声或触摸您）？			
10. 当您试图将孩子的注意力引向某样东西或某人上时（当您指向某处、使用语言或者转移视线时），孩子会有反应吗？			
11. 当您的孩子与您互动或交流时，是否有目光接触？			
12. 您的孩子是否能主动发起活动或与您做游戏（例如，给您一个玩具或找您陪他一起玩）？			
13. 您的孩子会和您轮流吗？			
14. 您的孩子是否能为了分享而指向或向您展示他感兴趣的物品？			

（续表）

技能	经常（至少 75% 的时间）	有时，但不总是	很少或还没有
社交参与			
15. 当人们进出房间时，您的孩子是否会打招呼和道别？			
运用沟通——形式维度（表达性语言）			
16. 您的孩子是否会牙牙学语或使用类似说话的声音？			
17. 您的孩子是否使用手势来要求获得物品或动作（例如，引导您找到物品、指向某处或使用手势动作）？			
18. 当您的孩子看到两种选择时，是否能通过伸手、眼神、声音或词语来表达明确的选择？			
19. 您的孩子会模仿您说话的声音或内容吗？			
20. 您的孩子会自发地使用单个词语吗？			
21. 您的孩子会命名物品吗？			
22. 您的孩子会命名动作吗？			
23. 您的孩子是否会将单个词语组合成简单的短语（例如，“开车”或“推火车”）？			
24. 您的孩子是否能用词语来描述物品（例如，“大红球”或“小绿球”）？			
25. 您的孩子能恰当地使用代词吗？			

（续表）

技能	经常（至少 75% 的时间）	有时，但不总是	很少或还没有
运用沟通——形式维度（表达性语言）			
26. 您的孩子是否能使用各种时态（例如，以“-ing”或“-ed”结尾的单词）？①			
27. 您的孩子是否能经常使用句子交流？			
28. 您的孩子是否能回答关于他自己的简单问题（例如，“你叫什么名字？”或“你多大了？”）？			
29. 您的孩子是否能回答关于他的想法、需求或环境的简单问题（例如，“你想要什么？”“这是什么？”或“它在哪里？”）？ 如果是，请勾选孩子能回答的问题类型： □ 是什么 □ 在哪里			
30. 您的孩子是否能回答关于“谁”“为什么”或“怎么样”的问题（例如，“谁在开车？”或“你为什么难过？”）？ 如果是，请勾选孩子能回答的问题类型： □ 谁 □ 为什么 □ 怎么样			
31. 您的孩子是否有意对您牙牙学语或使用类似说话的声音（即和您交流）？			

① 中文里没有动词时态用法，本题可略过。——译者注

（续表）

技能	经常（至少 75% 的时间）	有时，但不总是	很少或还没有
运用沟通——功能维度（表达性语言）			
32. 您的孩子是否使用手势、眼神交流、面部表情、声音或语言来要求获得想要的物品或活动？ 如果您的孩子经常或有时会使用这项技能，请指出您的孩子更经常使用哪种策略来要求获得他想要的物品或活动： □ 非言语策略（手势、眼神交流、面部表情或声音） □ 言语策略（词语或句子）			
33. 您的孩子是否用手势、眼神交流、面部表情、声音或语言来抗议或告诉您他不想要什么？ 如果您的孩子经常或有时会使用这项技能，请指出您的孩子更经常使用哪种策略来要求获得他想要的物品或活动： □ 非言语策略（手势、眼神交流、面部表情或声音） □ 言语策略（词语或句子）			
34. 您的孩子是否使用手势、眼神交流、面部表情、声音或语言来寻求帮助？ 如果您的孩子经常或有时会使用这项技能，请指出您的孩子更经常使用哪种策略来要求获得他想要的物品或活动： □ 非言语策略（手势、眼神交流、面部表情或声音） □ 言语策略（词语或句子）			

（续表）

技能	经常（至少 75% 的时间）	有时，但不总是	很少或还没有
运用沟通——功能维度（表达性语言）			
35. 您的孩子是否使用手势、眼神交流、面部表情、声音或语言来分享信息（例如，指向某处，代表“我看到了一架飞机”）？ 如果您的孩子经常或有时会使用这项技能，请指出您的孩子更经常使用哪种策略来要求获得他想要的物品或活动： □ 非言语策略（手势、眼神交流、面部表情或声音） □ 言语策略（词语或句子）			
36. 您的孩子是否通过手势、眼神交流、面部表情、声音或语言来引起您的注意（例如，“妈妈，过来”）？ 如果您的孩子经常或有时会使用这项技能，请指出您的孩子更经常使用哪种策略来要求获得他想要的物品或活动： □非言语策略（手势、眼神交流、面部表情或声音） □ 言语策略（词语或句子）			
37. 您的孩子是否会用词语来告诉您他的感受（例如,“受伤”“生气”或“开心”）?			
38. 您的孩子是否会用词语告诉您该做什么（例如，“喂宝宝”或“推车子”）？			
39. 您的孩子是否会告诉您已经发生的事情（例如，今天上学发生了什么事）？			
40. 您的孩子会用词语给您讲一个简单的故事吗？			

（续表）

技能	经常（至少 75% 的时间）	有时，但不总是	很少或还没有
运用沟通——功能维度（表达性语言）			
41. 您的孩子是否会问您问题来获得信息（例如，“那是什么？”或“狗在哪里？”）？			
42. 您的孩子会问关于“谁”“为什么”或“怎么样”的问题吗？			
43. 您的孩子是否能连续参与由大人发起的、三个回合的对话？			
44. 您的孩子是否能连续参与由大人发起的、多于三个回合的对话？			
45. 您的孩子是否会主动与他人对话？			
理解沟通（接受性语言）			
46. 当您的孩子被叫到名字时，他是否会看着别人？			
47. 当某人的名字被叫到时，您的孩子是否会看向那个人或那个人的照片？			
48. 您的孩子是否会在听到抑制性词语（例如，“不”或“停下”）后做出反应来停止行动？			
49. 您的孩子是否能指出多个被命名的身体部位？			
50. 您的孩子对自然游戏、穿衣服或就餐惯例中的一步指令（例如，“拿起你的杯子”）是否有恰当的反应？			
51. 您的孩子在自然游戏、穿衣服或就餐惯例中是否能遵循多于一个步骤的指令（例如，“拿起你的杯子，放在桌上”）？			

（续表）

技能	经常（至少 75% 的时间）	有时，但不总是	很少或还没有
理解沟通（接受性语言）			
52. 您的孩子是否能按要求去拿多件在房间里但不在他面前的物品？			
53. 您的孩子完成一项活动后会把游戏材料放好吗？			
模仿			
54. 您的孩子是否会模仿面部表情或动作（例如，吐舌头）？			
55. 您的孩子是否会模仿歌曲里或熟悉的日常活动中的行为或肢体动作［例如，《巴士上的轮子》[①]（*Wheels on the Bus*）中的动作］？			
56. 您的孩子是否会模仿日常的手势（例如，挥手道别、飞吻或拍手）？			
57. 在看到您做了熟悉的游戏动作（孩子自己会做的动作）后，您的孩子会模仿吗？			
58. 在看到您做了新的游戏动作（孩子自己不会做的动作）后，您的孩子会模仿吗？			
59. 在游戏过程中，您的孩子是否能与您进行更长时间的模仿互动（在这种互动中，你们会轮流模仿对方）？			
游戏			
60. 您的孩子是否能以探索的方式使用玩具（例如，触摸、放入口中、闻或看）？			

① 孩子熟悉的任何歌曲都可以。——译者注

（续表）

技能	经常（至少 75% 的时间）	有时，但不总是	很少或还没有
游戏			
61. 您的孩子是否能将物品组合在一起（例如，将一件物品套入另一件物品、将物品放入容器中、排列、堆叠或以某种方式给玩具排序）？			
62. 您的孩子是否能使用因果性玩具（例如，机械玩具、弹出式玩具）？			
63. 您的孩子是否能根据玩具的功能来使用它（例如，球用来扔、车子用来推）？			
64. 您的孩子是否会对他自己做出熟悉的假装游戏动作（例如，假装吃饭、假装睡觉或假装用玩具电话交谈）？			
65. 您的孩子是否会将基本的假装游戏引向他人、玩偶或其他玩具（例如，假装喂家长或娃娃、给娃娃穿衣服或让娃娃睡觉）？			
66. 您的孩子是否能假装一件事物代表另一件事物（例如，假装一块积木是一辆车，或一摞积木是一栋建筑），将特征赋予一个没有此特性的物品（例如，假装玩具食品是“热的”或“好吃”），或者将物品拟人化（例如，让人偶行走或者让娃娃拿着杯子，而不是把杯子放在娃娃嘴边）？			
67. 您的孩子是否能将几个假装动作联系在一起，或者用玩具讲述一个延伸的故事（例如，把一个娃娃放在车里，然后把车推到商店）？			

（续表）

技能	经常（至少 75% 的时间）	有时，但不总是	很少或还没有
游戏			
68. 在游戏中，您的孩子是否能扮演一个想象中的角色（例如，假装成医生、消防队员、妈妈或爸爸）？			
69. 当您的孩子与至少一个人一起扮演想象中的角色时，是否会讲述一个延伸的故事（例如，孩子是医生，家长是病人；孩子是妈妈，兄弟姐妹是宝宝）？			
70. 您的孩子能在一个扩展的游戏流程中，在主导游戏的角色与跟随他人的想法之间转换吗？			

儿童目标表

写下您和教练在以下四个核心领域为孩子选择的目标。

社交参与
沟通
模仿
游戏

日常活动时间表

孩子姓名:______ 家长姓名:______ 日期:______

描述您经常和孩子一起做的活动或日常的例行活动。如果有未列出的活动，您可以将其添加到此表单的末尾。对于每一项活动，请提供一个简短的描述，包括多长时间和孩子一起做一次，以及您可以增加多少时间。在最后一列（孩子的反应）中，指出您的孩子是“喜欢（A）”“忍受（B）”还是“抗拒（C）”该项日常活动。这可以帮助您选择两到三个活动来练习对孩子使用干预策略。

活动	描述	多久一次?	增加多长时间?	孩子的反应
早上				
起床				
穿衣服				
吃早餐				
其他				

（续表）

活动	描述	多久一次?	增加多长时间?	孩子的反应
下午				
游戏时间				
吃午餐				
午睡				
其他				
晚上				
吃晚餐				
游戏时间				
洗澡时间				

（续表）

活动	描述	多久一次？	增加多长时间？	孩子的反应
晚上				
故事时间				
睡觉时间				
其他				
其他日常活动				

练习计划表——布置有利于成功的家庭环境

日期：__________

计划	
腾出时间玩耍： 建立游戏空间： 减少干扰： 轮换玩具和材料：	可能有什么困难： 可能的解决方法：

反思	
哪些部分进展顺利？ 哪些部分遇到困难？	可能的解决方法：

第 2 章

专注于孩子

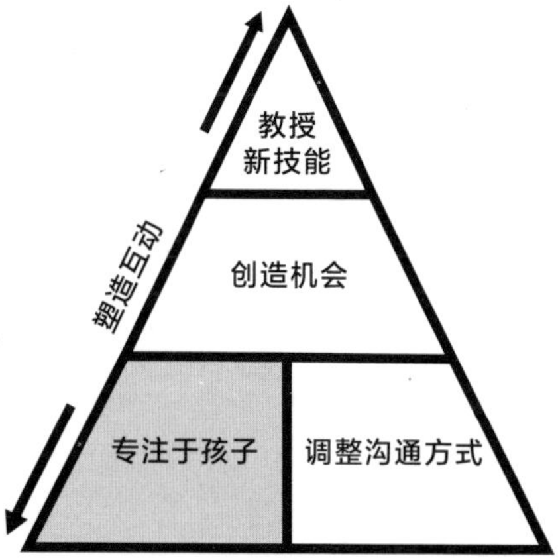

帮助孩子与您一起玩耍，并为参与和学习社交沟通奠定基础

跟随孩子的引导

- ❖ 与孩子保持面对面
- ❖ 让孩子主导活动
- ❖ 加入孩子的游戏
- ❖ 避免提问和给指令
- ❖ 保持敏感，但要坚持
- ❖ 设定限制
- ❖ 等待并观察孩子的反应
- ❖ 回应孩子的所有行为

模仿孩子

- ❖ 模仿孩子的手势、面部表情和身体动作
- ❖ 模仿孩子的发声
- ❖ 模仿孩子玩玩具和物品的方式
- ❖ 只模仿积极行为

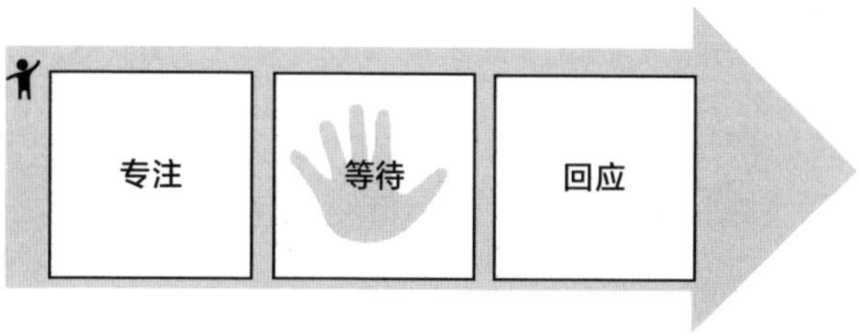

序列图

专注于孩子是 ImPACT 计划五大策略 F.A.C.T.S. 中的“F”（Focus on Your Child）。这是与孩子建立互动关系的起点，让您和孩子有机会以一种你们都享受的方式待在一起。这也能确保孩子投入互动并准备好学习。您有两种**专注于孩子**的技术可以使用：**跟随孩子的引导**和**模仿孩子**。这两种技术都可以帮助孩子在游戏时与您互动，并增加你们一起做游戏的时间。您具体使用哪种技术取决于活动内容。

在参与 ImPACT 计划的过程中，您将总是从**专注于孩子**开始，然后等待孩子回应，如上一页的序列图所示。在这个阶段，您的孩子可能以任何方式回应，包括使用眼神交流、分享情感、观察或模仿您正在做的事情、使用手势（例如，伸手、推或指）、发出声音或使用语言。您要以合理的方式回应孩子的行为。这能让孩子认识到他的行为是有意义的，并能得到您的回应。

跟随孩子的引导

跟随孩子的引导包括跟随孩子做事情的行动和想法。当孩子能选择活动时，他们会更多地与他人互动和游戏。当他们能够先迈一步，做自己想做的事情时，他们也往往不会那么受挫。当您的孩子有机会向您展示他觉得有趣的事物时，他会很开心，也会和您玩得更久。这有助于他的学习。通过跟随孩子的引导，观察孩子的反应，您将会更多地了解孩子沟通的方式和原因。您可以在能让孩子主导互动的所有活动中使用**跟随孩子的引导**。这些活动包括做游戏、去公园、在小区散步；如果孩子喜欢泡澡，甚至洗澡时间也可以。当您使用**跟随孩子的引导**时，您可以增加：

- 游戏时孩子与您互动的能力；
- 您和孩子一起玩耍的时长；
- 孩子的主动性。

现在，我们来讨论**跟随孩子的引导**的关键要素。

与孩子保持面对面

通过与孩子面对面且坐在和他视线平齐的位置，您可以成为他游戏的一部分，注意他在看什么，并回应他的感受。

- 让自己处于孩子的视线水平高度或下方，这样孩子就可以很容易看到您的面部表情和您正在做的事情。例如，如果孩子把头靠在桌子上，同时来回推动玩具卡车，您可以在他的对面跪坐着并歪头，这样您就可以看到他的脸，也能看到卡车。

> 如果面对面坐着让孩子感觉太紧张，你们可以一起看向镜子。这样，孩子可以看着镜子里的自己，也能与您产生目光接触。

- 如果您的孩子非常活泼，经常到处走动，那就和他一起动，这样您可以尽可能多地和他保持面对面。
- 将孩子感兴趣的物品放在您的脸旁边，鼓励他看向您。

让孩子主导活动

让孩子选择玩具并主导活动。让孩子主导活动可以让您知道他感兴趣的是什么，也有助于他与您互动。

- 等待并观察，让孩子发起并主导互动。当您让孩子坐在几个玩具旁边时，等他选择一个玩具后再开始和他玩。
- 让孩子决定如何玩游戏，即使他的游戏方式看起来不同寻常。当孩子自己享受过程的时候，他更可能与您互动。
- 观察孩子在看什么，这样您就可以了解他的兴趣。如果他开始一项新的活动，请跟着他去做。

> **动动脑**
> 您的孩子喜欢哪些游戏方式？

加入孩子的游戏

用有趣的方式加入孩子的游戏，向他展示您对他正在做的事情感兴趣。

> 如果您的孩子切换活动的速度很快，让他选择所有的活动可能会很困难。记住，关键是增加孩子的参与度和主动性。随着时间的推移，您可以增加孩子停留在一项活动里的时间。

> **动动脑**
> 您可以通过哪些方式加入孩子的游戏？

- 通过成为孩子游戏中不可缺少的一部分来帮助孩子玩游戏。如果孩子正在搭建一座塔，您可以把积木递给他，或者和他轮流在塔上搭积木。如果孩子在开玩具车，那就把一个人偶放到车里。
- 有些孩子对运动或感官游戏的反应更好。如果您的孩子喜欢攀爬，那就做些打闹游戏；如果他喜欢旋转，就让他在椅子上旋转；如果他喜欢触摸不同材质，就让他触摸一些豆子或大米；如果他喜欢盯着灯看，那就和他一起玩手电筒。通过给孩子提供积极的感官体验，您也在努力让自己成为这种体验的一部分。

避免提问和给指令

在这个阶段，请避免提问和给指令，因为这会夺走孩子的主导权。相反，请评论孩子的游戏，展现您对他正在做的事情的兴趣。在课程的后期，您将学习如何提问和给指令，从而教授新技能。

- 对孩子正在做的事情或您正在做的事情进行评论。例如，如果孩子在搭积木，您可以说“放上积木”或“你在搭积木”。
- 对婴幼儿的评论通常是手势、声音或简单的词语，例如“啊哦”或“哇”，同时指向物品。对较大的孩子的评论可能包括这样的描述：“你搭了一座高高的、彩色的塔。”

保持敏感，但要坚持

当你们开始做游戏后，孩子可能会转身离开或在房间里走来走去。描述孩子当时的感受，但不要离开。保持在孩子附近，当他离开时再次向他靠近。

- 对孩子的受挫保持敏感，但要坚持与孩子互动。只要您坚持不懈，他将学会和您一起找到乐趣！
- 不要回避孩子的抗议。如果孩子表现出不情愿，他仍然在和您互动。
- 如果孩子抗议，尝试以不同的方式加入他的游戏。例如，如果您碰了孩子的火车，他开始感到不安，请拿出一辆不同的火车或小汽车，并发表评论："我的火车开得好快啊！"

如果孩子没有反应，不要担心！您将在第 4 章"创造机会"中学习使用肯定会得到回应的技术。在现阶段，请专注于靠近孩子，观察孩子在没有您帮助的情况下是如何沟通的。

设定限制

继续**跟随孩子的引导**，除非孩子违反了家庭规则。家庭规则和后果需要保持一致。

- 您负责控制局面，决定孩子的哪些行为是可以被接受的。
- 请记住，安全第一。不要允许孩子做出破坏财物、伤害自己或他人的行为。
- 如果您的孩子有不安全的行为（例如，用头撞墙、爬上架子或打人），用坚定但平静的声音告诉他这种行为是不被允许的，并拿走造成问题的玩具或物品（如果可能）。

如果孩子的行为是个问题，和您的教练谈谈是否要学习第 8 章"管理孩子的问题行为"。

等待并观察孩子的反应

一旦您开始**跟随孩子的引导**，请等待并观察孩子与您互动和沟通的所有迹象。孩子参与互动的行为可以有多种形式。

- 孩子是否以任何方式表示他察觉到您参与了他的游戏？他是否看着您、做手势、发声或离开活动？当您没有帮助到孩子时，这些行为都可能是孩子沟通的方式。
- 等待能让您知道孩子自己能做什么！您的教练可以帮助您识别孩子的兴趣，并发现他在没有您帮助的情况下如何、为什么以及多常进行沟通和游戏。

回应孩子的所有行为

按照合理的方式回应孩子的所有行为。这样能让孩子认识到这些行为是有意义的，可以用来和别人沟通。

- 回应孩子的每一个和所有行为（包括言语和非言语行为），就像他在告诉您一些事情一样。例如，如果孩子把您的手放在门把手上，您就以打开门的方式回应。表 2.1 提供了一些回应的例子。
- 如果孩子抗议，这是一种沟通方式，您要恰当地回应。
- 给孩子的非言语行为命名。例如，如果他在哭，您就说“你很伤心”；如果他伸手去拿饼干，您就指向饼干，并说“饼干”这个词。

动动脑

您能以怎样的方式回应孩子的行为？

表 2.1　回应孩子行为的方法

如果您的孩子……	您可以……
看着您	• 把您拿着的东西递给孩子。 • 说“你好”。 • 继续做您正在做的事情。

（续表）

如果您的孩子……	您可以……
从您身边离开	• 说“拜拜”“走了”或“搞定了”。 • 停止做手上的事。
把手伸向某个物品	• 将物品拿给孩子。
当您试图触摸他的玩具时，推开您的手	• 把手拿开，并说“不要”。

在图 2.1 中，约翰尼正在用排列的方式玩积木。他的妈妈通过**跟随孩子的引导**，练习**专注于孩子**，目的是提高约翰尼的互动参与度。然后，妈妈等待约翰尼的回应。约翰尼看着一块积木，妈妈就把积木递给他。这个互动过程如序列图 2.1 所示。

图 2.1　跟随孩子的引导

约翰尼的妈妈递给他一块积木，加入了他的游戏，以提高他的互动参与度。

序列图 2.1

在下一页的“在家试试看！”表格中，您可以找到更多有关**跟随孩子的引导**的想法。本章末尾的表单是一份练习计划表，将帮助您练习**专注于孩子**（包括**跟随孩子的引导**和您接下来将学习的**模仿孩子**）。您的教练会协助您完成练习计划表的上半部分，并告诉您在家练习后将如何完成下半部分。

在家试试看！跟随孩子的引导

如果您的孩子……	您可以……
	玩具游戏
正在玩汽车、火车、卡车或直升机等玩具交通工具	• 和孩子面对面坐着，加入他的游戏。 • 等待，观察他如何玩这些交通工具。
从一项活动换到另一项	• 跟随他做新的活动，尝试加入他的游戏。 • 使用“布置有利于成功的家庭环境”中的小贴士来创建一个更小的空间。
似乎对玩具不感兴趣	• 发挥创造力！孩子们经常喜欢玩家里的物品，比如锅碗瓢盆、餐具、扫把、刷子和洗衣篮。 • 准备好孩子喜欢玩的玩具。选择那些您可以用来加入孩子游戏的玩具，比如乐器、捏捏球和小汽车。
以不同寻常的方式玩玩具	• 跟随孩子的引导，加入他的游戏（只要游戏符合您的规则，是可以接受的）。
	动态游戏
喜欢追逐、挠痒痒、跳蹦床、玩滑梯或其他游戏设施	• 跟随孩子的引导，加入他的这些活动。 • 在家有更简单或更经济的选择，可以考虑在床上或沙发上跳，或者躲在毯子下。
正在荡秋千	• 站在孩子面前，帮他推几下。 • 等待并观察他是否表示想要您多推几下。
	感官游戏
喜欢玩水	• 和他一起坐在水龙头或洒水器旁，表示您对他的活动感兴趣。
把手指放入豆子、沙子或大米中感受	• 加入他，用杯子把豆子、沙子或大米倒在他的手上。 • 当他让豆子、沙子或大米流下来时，用杯子接住。
正在不断开关灯	• 加入他的这个活动，尝试和他轮流开灯和关灯。
	洗澡时间
在浴缸里泼水	• 加入他，和他一起泼水。 • 给他提供可以玩的物品，比如杯子和勺子。 • 观察他如何玩弄这些物品，并加入他的游戏。

模仿孩子

模仿孩子这一技术包括模仿孩子的举动、手势、游戏动作、声音和词语。这是另一个能够专注于孩子并和孩子一起愉快玩耍的好方法。**模仿孩子**可以增加：

- 孩子在游戏时与您互动的能力；
- 您和孩子能够一起玩耍的时长；
- 孩子自发的发声和语言；
- 孩子使用的游戏动作的数量。

现在，我们来讨论**模仿孩子**的关键要素。

模仿孩子的手势、面部表情和身体动作

动动脑

您能模仿孩子的哪些手势、面部表情或身体动作？

模仿孩子的各种动作和表达有助于孩子意识到他的行为是有意义的，并且会影响您的行为。当您模仿他时，他可能会看着您或改变他的动作。模仿孩子的手势也能增加孩子对您的兴趣。

- 模仿孩子的手势和身体动作。例如，如果孩子跺脚，您可以跟着跺脚。如果他用手轻拍家具，您可以轻拍同一件家具。如果他拍手，您也拍手。
- 模仿孩子的表情和情绪。这能帮助孩子了解到面部表情很重要。
- 夸大您对孩子手势、面部表情和身体动作的模仿，帮助他注意到您在模仿他。

当您的孩子没有在玩玩具时，模仿手势和身体动作尤其有帮助。

模仿孩子的发声

模仿孩子的声音和词语可以吸引他的注意力，帮助他认识到他发出的声音是有意义的。

- 模仿孩子发出的所有声音，匹配他发声时的情绪，以及声音本身。
- 如果您的孩子还没有开始使用词语，请模仿他发出的任何声音，甚至是哼声和叹气声。
- 如果您的孩子已经开始使用词语或句子，只模仿与你们一起做的事情相关的语言。例如，如果你们在一起看书，模仿他对这本书说的话，但不要模仿他从喜欢的电影中背诵的台词。

动动脑

您能模仿孩子的哪些发声？

模仿孩子玩玩具和物品的方式

当您模仿孩子玩游戏的方式时，他可能会用一种新的或不同的游戏技能，然后看看您是否会模仿他。

- 模仿孩子玩玩具或物品的方式。例如，如果他正在倒玩具，您可以拿另一个容器一起倒玩具。
- 在保证安全的情况下，模仿孩子用玩具做的任何事情，即使是不同寻常的事情。久而久之，您可以把不具功能性的游戏动作塑造成更恰当的游戏方式。
- 两个相同的玩具或物品会很有用。如果您使用的玩具或物品与孩子玩的物品相同或相似，那么孩子更有可能注意到您在模仿他。这能让您在孩子玩游戏的同时模仿他的游戏——例如，在他把一辆小汽车滑下坡道后，您也跟着滑一辆小汽车。

动动脑

您能模仿孩子的哪些游戏动作？

只模仿积极行为

模仿孩子可以增加您正在模仿的行为。所以，不要模仿不安全或具有破坏性的行为——例如，扔东西或攻击性行为。

- 您可以在模仿孩子动作的同时，向您的孩子展示一种更恰当的游戏方式。例如，如果孩子喜欢扔玩具，您可以拿一个软球来扔。
- 您可以模仿孩子的情绪，而不是行为。例如，如果孩子用甩手来表示兴奋，您可以模仿他兴奋的样子——但表达方式是鼓掌或者把手举过头顶，并说："耶，我做到了！"

在图 2.2 中，迈克尔正在用来回滑动小汽车的方式做游戏。他的爸爸通过模仿他来练习**专注于孩子**，以此提高他的参与度，然后等待他的回应。迈克尔看着爸爸，爸爸用微笑回应，并继续模仿。这个互动过程如序列图 2.2 所示。

图 2.2　模仿孩子

迈克尔的爸爸通过推另一辆小汽车来模仿迈克尔的游戏，以提高迈克尔的互动参与度。

序列图 2.2

在下一页的“在家试试看！”表格中，您可以找到更多关于**模仿孩子**的想法。本章末尾的表单是一份帮助您使用**专注于孩子**的练习计划表（包括**跟随孩子的引导**和**模仿孩子**）。您的教练会协助您完成练习计划表的上半部分，并告诉您在家练习后将如何完成下半部分。

在家试试看！模仿孩子

如果您的孩子……	您可以……
	玩具游戏
正在玩乐器	• 模仿玩这些乐器。
正在使用美术材料，比如粉笔、记号笔、颜料或贴纸	• 拿相同的材料，和孩子面对面坐着，模仿他正在做的事情。等待并观察他会有什么反应。
似乎对玩具不感兴趣	• 拿出有不同玩法的玩具，比如堆叠叠杯、橡胶玩具球、积木、毛线球、交通工具、玩具食物、橡皮泥和小人偶。等待并观察孩子会如何摆弄这些物品。如果他表现出兴趣，请模仿他的行为。
正在玩小汽车	• 拿另一辆小汽车，和孩子面对面坐着，模仿他玩小汽车的方式。等待并观察他会有什么反应。
	动态游戏
在房子或院子里闲逛	• 模仿孩子的发声、手势动作和身体动作。夸大您对他的模仿。
	感官游戏
把手指放入豆类、沙子或大米中感受	• 和孩子面对面坐着，模仿他的游戏，即使它看起来不同寻常。
	洗澡时间
在浴缸里泼水	• 移动到和孩子面对面的位置，和他一起泼水。
正在玩洗澡玩具，比如轮子、水杯、容器、过滤网、发条玩具、浴室蜡笔或泡泡浴	• 模仿孩子的行为，然后等待并观察他的反应。
	点心时间
正在吃点心	• 在孩子将食物放入口中的同时，您也将食物放入口中。 • 如果您从同一个盘子里拿东西吃，孩子更有可能注意到您。

练习计划表——专注于孩子

日期：__________

计划	
目标：	可能有什么困难：
活动：	可能的解决方法：

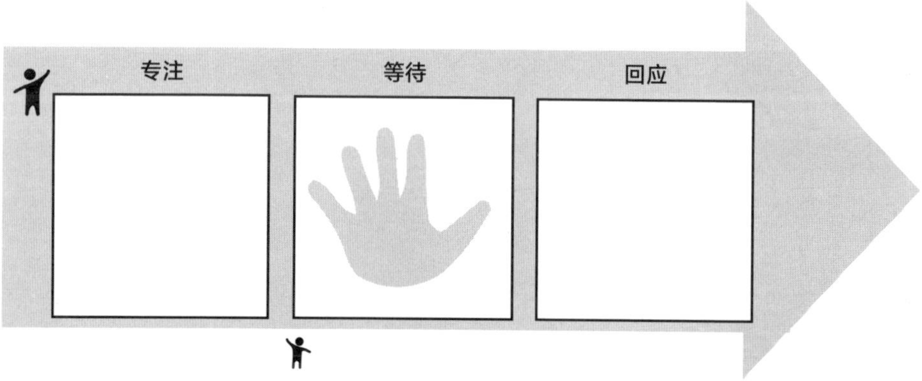

反思	
哪些部分进展顺利？	可能的解决方法：
哪些部分遇到困难？	

第 3 章

调整沟通方式

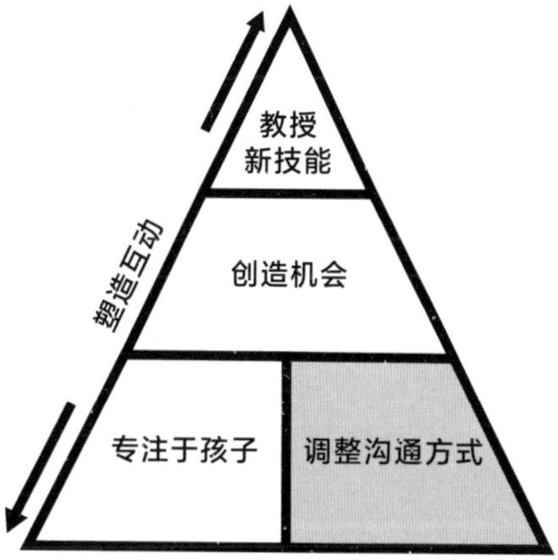

帮助孩子理解和使用言语及非言语沟通

夸张化

- ❖ 对活动感到兴奋
- ❖ 夸大手势动作
- ❖ 夸大面部表情
- ❖ 夸大声音品质
- ❖ 使用吸引注意力的词语
- ❖ 调整夸张化的程度，帮助孩子保持稳定
- ❖ 有预期地等待孩子的回应

示范和扩展沟通

- ❖ 谈论孩子看到的、听到的或正在做的事情
- ❖ 使用简单的语言
- ❖ 使用手势和视觉提示
- ❖ 放慢说话和做手势的速度
- ❖ 强调重要词语
- ❖ 重复多次
- ❖ 避免提问
- ❖ 扩展孩子的沟通

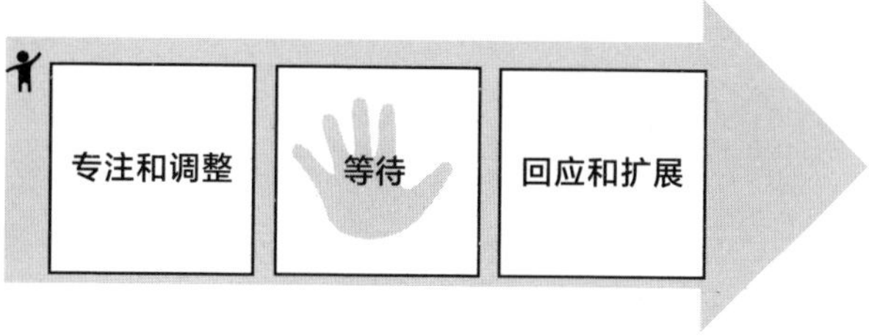

序列图

本计划中的下一组策略是**调整沟通方式**。这是 ImPACT 计划五大策略 F.A.C.T.S. 中的“A”（Adjust Your Communication）。这一组策略也用于鼓励社交参与，并帮助孩子理解与使用言语和非言语沟通。**调整沟通方式**的技术有两种。**夸张化**聚焦于调整您的非言语沟通，例如手势、面部表情和语气，以使互动变得有趣。夸张的方式有助于您的孩子理解沟通中这些更微妙的部分。**示范和扩展沟通**涉及调整您的口头语言，以帮助孩子理解您说的词和句子。

如上一页的序列图所示，您将使用**专注于孩子**并等待孩子的回应，从而**调整沟通方式**。然后，您可以用合理的方式回应孩子的行为，并扩展他的回应。这些策略可以在您与孩子的整个互动过程中使用。

夸张化

夸张化的技术让您的动作、声音和面部表情注入更多（或偶尔更少）能量，以帮助它们变得更明显。这可以使互动更加有趣。这种技术还可以让您强调沟通里一些微妙的、很容易被有社交沟通困难的孩子所忽略的非言语部分。**夸张化**可以突出其他技术，并增加：

- 孩子与您分享乐趣的能力；
- 孩子主动发起互动的能力；
- 孩子对手势动作、面部表情和身体姿势的理解。

现在，我们来讨论**夸张化**的关键要素。

对活动感到兴奋

您与孩子分享的乐趣越多，孩子越有可能会与您分享乐趣。

- 通过眼神接触、微笑和大笑来表达兴奋。

- 即使您觉得孩子正在做的事情很无聊或重复，也要假装兴奋。

夸大手势动作

与孩子沟通时使用手势动作，可以帮助孩子注意到沟通的非言语部分。

- 使用夸大的手势动作让孩子更清楚您想传达的意思，您可以用夸张的方式挥手、用手指向某处或耸肩。
- 使用重复且孩子容易模仿的手势动作。

动动脑

您能够以夸张的方式展现什么手势动作呢？

夸大面部表情

夸大您的面部表情，帮助孩子注意到它和理解它所代表的含义。

- 如果您很开心，请让您的笑容变得更大和更明显，并加上拍手，以此表示您真的很开心。
- 如果您觉得很累、无聊或惊讶，请夸大与这些感受相符的面部表情和身体动作。
- 使用手势动作帮助孩子注意到您的面部表情。例如，当您皱眉时，指一指自己的嘴角，表示您很难过。

如果孩子没有看您，尝试增加吸引注意力的词语，或夸张地倒吸一口气。

夸大声音品质

声音品质包括说话的速度、语调和音量。对孩子来说，理解声音品质的差异是困难的。当您夸大您声音的这些变化时，可以帮助孩子注意到它们。

- 改变您的音量来突出您说的话。例如，用悄悄话的方式说特定的词语。
- 把疑问句变成陈述句的时候，用夸张的语音语调进行转变。例如，提问时夸张地在句尾提高音调，而在陈述时降低音调。

- 当您有不同的情绪时，夸大其中抑扬顿挫的变化。当您这么做时，使用夸张的手势动作和面部表情，帮助孩子解读您要传递的信息。

使用吸引注意力的词语

有些词语和声音比较突出，可以吸引孩子的注意力。这些词语会向您的孩子提示您有事情想要分享，并鼓励他看向您。

说一些像“啊哦”“噢不”“哇”的词，或大声地倒吸一口气，以此吸引孩子的注意力。

- 如果孩子使用了任何相似的词语或声音，您也可以用夸张的方式来回应，以表示这些词语是具有意义的，并且您理解他正在告诉您的事情。

动动脑

你能使用哪些吸引注意力的词语呢?

调整夸张化的程度，帮助孩子保持稳定

孩子在稳定的唤醒状态下（不会过“高”或过“低”）学习效果最好。

- 如果您的孩子在与您做游戏时变得安静、退缩或犯困，这可能是他唤醒水平偏低的征兆。在这种情况下，请更多地使用夸张化的方式帮助孩子参与和您的互动。例如，如果孩子能量很低，您可以提高您的音量，并使用精力充沛的声音搭配手势动作，帮助他兴奋起来。

> 如果孩子在声音太大或手势动作太快时离开，请保持安静并放慢手势。这项技术的目的是提高孩子的互动参与度。

- 如果您的孩子在您使用较多的夸张化时变得过度“活跃”，您可以减少夸张化，帮助孩子冷静下来。您也可以放慢语速和降低音量。例如，如果孩子注意力不集中或能量太高，您可以轻声地说话或用悄悄话的方式，看看这样是否能引起他的注意。

有预期地等待孩子的回应

当您等待时，使用期待的眼神和夸张的手势动作。使用这些提示有助于孩子意识到您在期待得到回应。

- 在挠痒痒的游戏中，伸出您的手指（并夸大手势动作），说："我要来抓你哦。"然后在您挠孩子痒痒之前，等待他回应。
- 如果您和孩子在玩轨道上的火车，请推动火车，然后停下来，同时用期待的眼神看孩子。在轨道上移动火车之前，等待孩子沟通。

> 如果孩子在您带着预期等待时没有回应您，跟随他进行下一个活动，并再次尝试这项技术。

在图 3.1 中，一位妈妈用夸张的手势动作和面部表情调整她的沟通方式。当她等待时，她的孩子看着她并微笑。妈妈回报以微笑，并继续用夸张的手势动作回应。这个互动过程如序列图 3.1 所示。

图 3.1　夸张化

杰茜卡的妈妈使用夸张的手势动作（"这么大！"）和夸张的面部表情，以此提高杰茜卡的互动参与度和对非言语手势的理解。

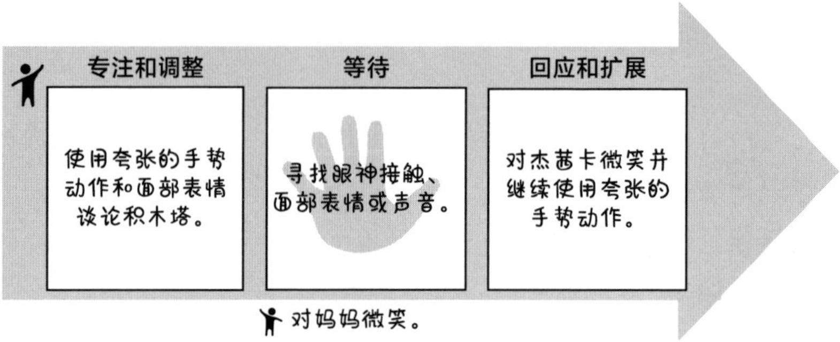

序列图 3.1

在下一页的“在家试试看！”表格中，您可以找到更多关于**夸张化**的想法。本章末尾的表单是一份帮助您使用**调整沟通方式**的练习计划表（包括**夸张化**和您接下来会学习的**示范和扩展沟通**）。您的教练将协助您完成练习计划表的上半部分，并向您展示在家练习后如何完成下半部分。

在家试试看！夸张化

如果您的孩子……	您可以……
	起床时间
醒来时躺在床上	• 和他一起躺在床上，并假装睡觉。 • 用毯子盖住自己，并夸张地打鼾。 • 假装突然醒了过来，从床上坐起来，伸懒腰，并大声说：“起床！” • 只要您的孩子表现出兴趣，就在假装睡觉和起床之间交替。
	唱歌 / 社交游戏
正在唱歌或听您唱歌	• 先唱几句，然后用期待的眼神或手势动作暂停一下，观察您的孩子是否有任何想要您继续的表现。 • 唱包含手势或动作的歌曲[①]［例如，《小小蜘蛛》(Itsy-Bitsy Spider)、《幸福拍手歌》(If You're Happy and You Know It)、《划船曲》(Row, Row, Row Your Boat)、《编玫瑰花环》(Ring around the Rosy)、《巴士上的轮子》］或以此为游戏。
正在玩躲猫猫游戏	• 把您的脸藏在围巾里，等待并观察孩子是否会做一些动作来摘掉围巾。如果他这样做了，就说：“我在这里！”
正在玩挠痒痒游戏	• 挠一下孩子，然后用夸张的手势动作表示您将再次挠他。用期待的眼神等待，观察他会做些什么来表示他想要更多的挠痒痒。
	玩具游戏
正在玩娃娃	• 夸大游戏中可能出现的情绪。 • 如果娃娃摔倒受伤了，就假装哭泣或惊叫：“噢不！”
正在搭积木塔	• 当积木塔倒下时，夸张地将手放在脸上，做出手势动作并说：“噢不！”

① 中国儿歌有《小兔子乖乖》《拔萝卜》等。——译者注

（续表）

如果您的孩子……	您可以……
正在玩小汽车	• 假装小汽车相撞，然后夸张地将手放在脸上，做出手势动作并说："噢不！"
	故事时间
正在看书	• 用夸张的手势动作，简单地表演一下书页的内容。例如，如果有一张小鸟的图片，就假装自己是一只小鸟（像挥动翅膀一样挥动您的手臂，并说"唧唧，唧唧"）。如果书上有食物的图片，就假装吃掉上面的食物。
	吃饭 / 点心时间
正在吃饭或吃点心	• 尝一小口孩子的食物，用手势动作和面部表情夸张地形容食物的味道。例如，咬一口孩子的苹果，舔舔嘴唇，揉揉肚子，然后说："好吃！" • 咬一口孩子不喜欢的食物，或假装咬一口不是食物的物品。然后伸出您的舌头，皱起脸，并说："讨厌！" • 只要您的孩子在关注，就交替吃"好吃"和"讨厌"的食物。
	洗澡时间
正在洗澡	• 每次洗一个身体部位，使用夸张的语言和手势动作。例如，说"我要洗你的……脚趾"（同时做出一个夸张的动作，指着脚趾）。 • 假装在清洗身体的每个部位之前闻一闻，并夸张地表示它是脏的。捏住您的鼻子，皱起脸，然后说："噢，臭死了！"然后洗一洗，再假装闻一闻，然后说："香香的。"
正在浴缸里泼水	• 靠近孩子，让他把您的手臂泼湿。夸大您的面部表情和手势动作。指着您的手臂说："噢不，我的手臂湿了！"

（续表）

如果您的孩子……	您可以……
	其他日常活动
正在完成其他日常活动	• 夸大您的肢体语言和面部表情，以表示您今天的心情。例如，如果您对发生的事情感到高兴，就夸大您的笑容和肢体语言（拍手），并为这种情绪命名。 • 如果发生了让您伤心的事情（例如，您踢到脚趾），通过夸大面部表情、身体姿势和语言（“哎呀，好痛！”）来表示难过。 • 在不同的环境中夸大您的声音品质。如果您在图书馆，用说悄悄话的方式表示恰当的音量。如果您在操场上，用很大的、兴奋的声音参与活动。

示范和扩展沟通

您说话的内容和方式都会影响孩子理解和运用沟通的能力。**示范**沟通是指用口头语言（词语和句子）和非口头语言（手势动作）描述您的孩子正在做什么、看到什么和听到什么。**扩展**沟通是通过重述孩子说的话或做的事情，之后增加一个新的手势动作或语言技能，以此对孩子的沟通进行补充。您可以在所有活动中使用**示范和扩展沟通**来帮助您的孩子：

- 学习新的手势动作、词语或句子；
- 扩展孩子沟通的原因。

现在，我们来讨论**示范和扩展沟通**的关键要素。

谈论孩子看到的、听到的或正在做的事情

通过评论、命名或描述的方式，谈论孩子所看到、听到或正在做的事情，就像体育评论员一样，谈论孩子正在关注的事情。这包括当孩子在观察您的时候，您正在做的事情。

动动脑

围绕孩子的兴趣，您可以示范哪些语言?

- 示范出于各种原因可以如何使用语言，如评论、吸引注意力、提要求、抗议或获得信息。
- 不要对孩子的每一个动作进行评论，因为这样信息可能太多。
- 表 3.1 列举了一些谈论孩子正在做的事情的例子。

表 3.1 活动时示范的语言

当孩子……	您可以……	例子
正在喝果汁	给果汁命名，描述孩子正在做什么，或者描述果汁的味道。	• 用手指着果汁，并说“果汁”这个词。 • 说“喝果汁”。 • 说“你在喝苹果汁”。 • 说“苹果汁很好喝”。
正在喂娃娃	给娃娃命名，描述娃娃正在做什么，或说出娃娃的感受。	• 用手指着娃娃，并说“娃娃”这个词。 • 说“喂娃娃”。 • 说“娃娃在吃麦片”。 • 说“娃娃饿了”。
正在穿衣服	给每一件您帮孩子穿上的衣物命名，描述它的外观，或猜测孩子对它的感受。	• 说“上衣”这个词。 • 说“这是一件红色的上衣”。 • 说“这是你最喜欢的上衣”。
想要开门	说一说关于开门这件事，描述如何开门，或猜测孩子想去哪里。	• 比出“开门”的手势，或轻轻敲门并说“开门”这个词。 • 说“转动门把手”。 • 说“你在开门”。 • 说“你想去外面”。
看着小汽车	给小汽车命名，或描述它的外观、声音或开车方式。	• 用手指着小汽车，并说“车”这个字。 • 说“有一辆绿色的车”。 • 说“这辆车真快”。
正在寻找他的毯子	说一说孩子正在想的事情或想要的物品。	• 耸耸肩，说：“我的毯子呢？” • 说“我想要我的毯子”。

使用简单的语言

当我们使用太多词语时，有些孩子很难理解我们的说话内容或手势动作。改变您的说话方

避免聚焦于那些被过度使用的词，如“更多”和“想要”。相反，将一个动词和一个名词配对，或使用描述性的词，如“大”“快”或“红”。例如，如果您和孩子一起玩接球游戏，示范说“扔球”，而不是“想要球”或“更多球”。

式，可以帮助孩子理解您所说的内容。

- 仅示范比孩子自己用的技能稍微复杂一些的沟通技能。例如，如果他使用单个词语沟通，您就示范两个词组成的短语。

动动脑

您可以为孩子示范哪种类型的沟通？

- 记得示范不同的沟通原因，例如，为了提要求、吸引注意或获得信息而沟通。
- 表 3.2 将帮助您根据孩子目前的沟通能力，选择要向孩子示范哪种类型的沟通方式。

表 3.2　选择示范哪种类型的沟通方式

当孩子……	您可以……	例子
使用眼神交流或前意图期的手势动作	示范有意图的手势动作和词语。	• 用手指向某处。 • 比出“开门”或“轮到我”的手势。 • 说“出发”或“果汁”这些词。
使用有意图的手势动作，发出类似词语的声音，或使用单个词语	示范单个词语和词组。	• 说“泡泡”这个词。 • 说“吹泡泡”。
把两到三个词组合在一起	示范简单的句子。	• 说“我在吃苹果”。 • 说“这是我的火车”。
使用简单的句子	示范包含描述的复杂句。	• 说“把大红球扔给我”。 • 说“我们的车推得非常快”。
使用复杂的句子	示范包含语言概念（例如，时间或情绪）的复杂句。	• 说“我们昨天去公园散步”。 • 说“我害怕恐龙”。

使用手势和视觉提示

使用手势和视觉提示（例如，指向或拿起一件物品）配合您的语言，帮助孩子理解您的意思。这项技术对尚未使用言语沟通或难以使用和理解非言语沟通的孩子很重要。

- 在您谈论一些物品时，拿起、轻敲或用手指着物品。例如，在孩子面前拿起一个球，说“球”这个字。当您要打开一扇门时，轻轻敲门并说“门”。
- 夸大您的手势动作，帮助孩子理解手势的含义。例如，在说“娃娃”这个词时，用手指着一个娃娃，让孩子注意到这个手势动作，并把他的注意力吸引到娃娃身上。

> 记住，孩子可能不会使用您所示范的手势或词语。这没关系。您将在本课程的后期学习如何帮助孩子使用新的沟通技能。

放慢说话和做手势的速度

您说话和做手势的速度越慢，孩子就越容易学习新的信息。

- 放慢您说话的语速，夸大您的手势动作。
- 确保您的手势动作与您的语速相匹配，并且简单到足以让孩子模仿。

强调重要词语

孩子往往很难识别句子中的重要词语。强调某些特定的词语，以引起孩子的注意。

- 在说重要的词语前停顿一下，并通过放慢语速和改变语调来强调这些词语。
- 当您说一个重要的词语时，加上一个手势动作，以强调这个词语和它的含义。例如，说“你有一个大球”，同时把您的手臂围成一个大圆圈。

重复多次

当孩子多次听到重复的信息时，他会学得更好。每天多次示范您希望孩子学习的手势动作和词语。

- 在游戏中重复使用相同短语或手势动作，例如："下去吧。下去吧。"或者您可以重复特定的重要词语："车子在滑动。滑、滑、滑得好快。"
- 在不同情况下使用类似的词语和手势动作。例如，把您的手掌合在一起，然后像书一样打开，同时说"把书打开"。当孩子有一个容器，里面有一个他想要的东西时，您可以做出同样的动作，并说"打开罐子"。

> 慢慢地说话或做手势，并重复您说的话，这可能会感觉很奇怪，但对孩子来说，这刚刚好。

避免提问

不要问问题；相反，要评论、命名物品和动作。这让孩子有机会沟通，并能给他提供可使用的语言范例。

- 避免用不需要回答的问题填补空当，例如："你在恶作剧吗？"或"你看到那只狗了吗？"。
- 避免为了展现孩子的知识而提出"测试"问题，例如："球是什么颜色？""有多少块积木？"或"这是什么字母？"。这些问题不能帮助孩子使用来回式的交流。
- 把您问的问题改成评论或命名。表 3.3 提供了将疑问句改成陈述句的例子。
- **教授新技能**（见第 5 章）将帮助您提出能得到回应的问题，并鼓励孩子使用来回式的交流。

表 3.3 避免提问的方法

避免询问……	进行陈述性说明……
“你喜欢这首歌吗？”	“你喜欢这首歌。”
“这个男孩要滑下来吗？”	“这个男孩要滑下来。”
“我可以和你一起玩吗？”	“我要和你一起玩哦。”

扩展孩子的沟通

动动脑

您可以如何扩展孩子的沟通？

通过添加新词或恰当的语法来扩展孩子的沟通。通过这种方式，您修改和完善了孩子说的话，而不是直接纠正它。

- 在添加信息的同时，重复孩子说的话。表 3.4 提供了一些添加新词和新的概念的例子。
- 重复孩子说的话，但使用恰当的语法。强调恰当的词语。表 3.5 提供了一些示范恰当语法的例子。
- 继续以合理的方式回应孩子的沟通。

表 3.4 以添加新词的方式扩展语言

当孩子说……	您说……
“火车。”	“推火车。”
“推火车。”	“快快地推火车。”
“快快地推火车。”	“快快地推红色的火车。”
“快快地推红色的火车。”	“把红色的火车推过隧道。”

表 3.5　以使用恰当语法的方式扩展语言

当孩子说……	您说……
“po。”	“泡泡。”
“宝宝哭。”	“宝宝正在哭。”
“果汁喝。”	“你想喝果汁。”
“爸爸不见。”（错误的语法）	“爸爸再见。”（正确的语法）

> 如果您的孩子还没有发出声音，请扩展孩子的手势动作并示范沟通。

在图 3.2 中，吉米的妈妈正在帮他穿衣服。妈妈示范了“衣服”这个词，吉米说“衣服”，然后妈妈通过说“穿衣服”来扩展他的沟通。序列图 3.2 呈现了吉米妈妈使用的技术步骤。

图 3.2　示范和扩展沟通

吉米的妈妈用重复性语言（“衣服”“穿衣服”“穿衣服”）来增加吉米的词汇量。

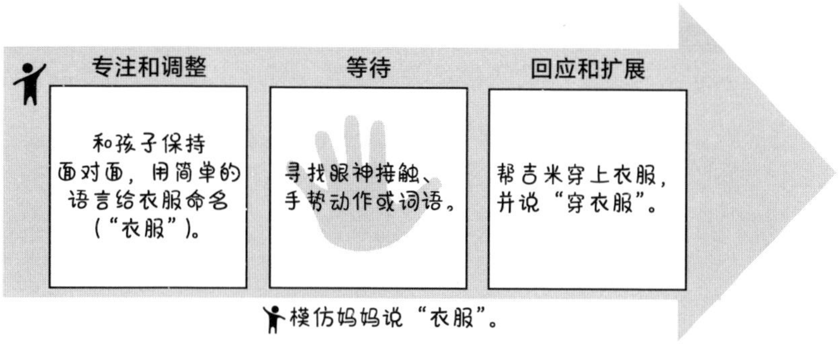

序列图 3.2

在下一页的“在家试试看！”表格中，您可以找到更多关于**示范和扩展沟通**的想法。本章末尾的表单是一份帮助您使用**调整沟通方式**的练习计划表（包含**夸张化**与**示范和扩展沟通**）。您的教练会协助您完成练习计划表的上半部分，并告诉您在家练习后将如何完成下半部分。

在家试试看！示范和扩展沟通

如果孩子……	您可以……
	玩具游戏
正在搭积木塔	• 以重复的方式命名物品，比如："积木……积木……红色积木"。 • 描述孩子正在做什么："哦，你正在搭一座很高的塔"。
正在玩小汽车	• 命名物品："车……大车……红色的大车"。 • 描述孩子正在做什么："你在推车""你在把汽车撞向卡车"。
	故事时间
正在看书	• 用手指着图片并进行命名。给物品、动作、地点和情绪命名。 • 描述图片，说出你所看到的内容和人物在做的事情，或物品的位置。 • 对图片或物品发表评论。
	吃饭 / 点心时间
正在吃饭或吃点心	• 给孩子正在吃的东西命名，比如："苹果……脆脆的苹果……红苹果"。 • 描述孩子正在做什么，比如："吃苹果……苹果在盘子里……咬一口苹果"。
正在帮忙准备食物	• 给孩子正在使用的物品命名。 • 描述您正在做什么。
	穿衣服
正在穿衣服	• 给孩子要穿的衣服和孩子的身体部位命名。例如，在给孩子穿衣服时，您可以说："上衣……红色上衣……手进去……伸胳膊……套头。" • 如果孩子自己穿衣服，描述一下他在做什么。如果您在帮他穿衣服，请描述您在做什么。例如，您可以说："胳膊伸进袖子……腿穿上柔软的裤子……脚穿上蓝色的袜子。"

（续表）

如果孩子……	您可以……
	洗澡时间
正在洗澡	• 您给孩子洗澡的时候，可以给身体部位命名："胳膊……手……脚"。 • 给浴缸里的玩具命名："水车……杯子……蜡笔"。 • 当您给孩子洗澡时，描述您正在做什么："我在给你洗脚趾"或"我在推船"。
	家务
正在帮您洗衣服	• 给物品命名："上衣……红色上衣……大大的红色上衣"。使用形容词，如"干净""脏""大""小"和颜色。 • 描述您在做什么："我在整理衣服……我在把脏衣服放进洗衣机……我在把湿衣服放进烘干机。"
正在帮您洗碗	• 给物品命名："盘子……杯子……叉子"。 • 描述您在做什么："我在把脏盘子放进洗碗机……我在洗黄色的盘子。"

练习计划表——调整沟通方式

日期：__________

计划	
目标： 活动：	可能有什么困难： 可能的解决方法：

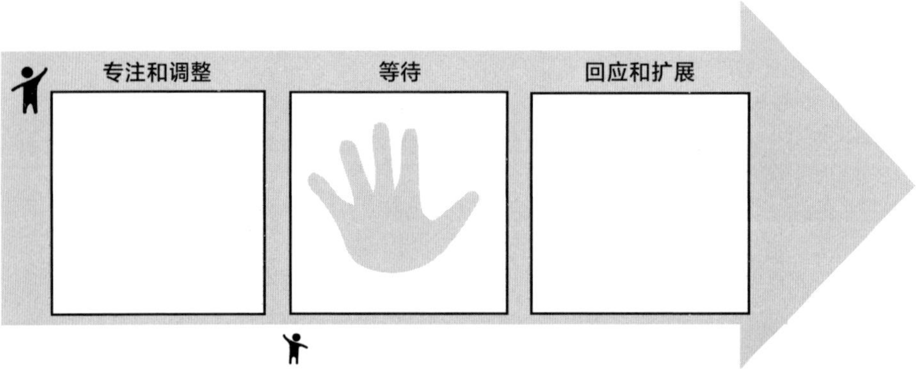

反思	
哪些部分进展顺利？ 哪些部分遇到困难？	可能的解决方法：

第 4 章

创造机会

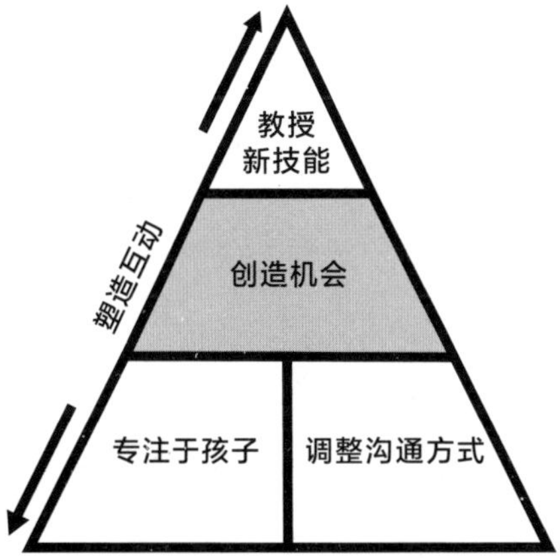

创造机会让孩子发起互动，并吸引他的注意

游戏性干扰

- 帮助孩子预测干扰的出现
- 以游戏的方式打断孩子的活动

均衡轮流

- 帮助孩子预期轮流
- 进行轮流
- 轮到您的时候示范游戏

诱发沟通

- 将有趣的物品放在孩子看得到但拿不到的地方
- 控制获取物品的途径
- 每次给一小份
- 使用需要家长协助的物品
- 遗漏一部分物品
- 装糊涂

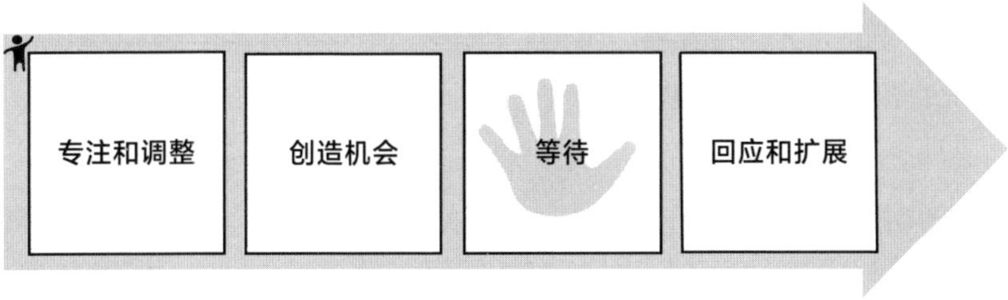

序列图

专注于孩子和**调整沟通方式**为孩子的互动参与奠定了基础。然而，有时这些策略本身，并不足以帮助有社交沟通困难的孩子主动发起互动或注意到您。**创造机会**是 ImPACT 计划五大策略 F.A.C.T.S. 中的“C”（Create Opportunities），当孩子没有自己主动发起互动，或您需要吸引他的注意时，您就可以使用这组策略。这组策略增加了孩子学习新技能的机会。**创造机会**有三组技术：*游戏性干扰*、*均衡轮流*[①]和*诱发沟通*。您要选择最适合用于您的日常活动且最少引发孩子挫败感的技术。您可以根据孩子的目标和活动而使用不同的技术。

通过使用**专注于孩子**和**调整沟通方式**来开启互动。如上一页的序列图所示，如果孩子不主动发起互动，或者您需要吸引他的注意，您将选择**创造机会**的技术来帮助他。一旦您创造了沟通机会，就等待孩子做出反应，然后以合理的方式回应和扩展他的行为。在大约三分之二的互动中，您都可以使用这种策略。

在这一阶段，您将专注于为孩子创造机会，让孩子使用他已经掌握的技能。在第 5 章中，您将学习如何帮助孩子以新的、他还不能独立使用的方式进行沟通和游戏。

游戏性干扰

创造机会的方法之一是使用*游戏性干扰*。通过这项技术，您加入孩子的游戏，然后用好玩的方式打断游戏，给孩子一个为了继续游戏而主动发起互动的理由。您可以用您的身体、玩具、物品或运动活动做这件事。当孩子还没有准备好轮流游戏、对轮流游戏感到非常不情愿或者不玩玩具的时候，*游戏性干扰*会有帮助。您可以使用这项技术来达到以下目的：

- 增加来回式互动；

---

① 有来有回地进行轮流活动。——译者注

- 帮助孩子提要求或抗议；
- 吸引孩子的注意。

现在，我们来讨论**游戏性干扰**的关键要素。

帮助孩子预测干扰的出现

使用统一的短语和夸张的手势动作，让孩子知道您要干扰他的游戏。这让他对接下来要发生的事情有所预期，这样他就不会感到挫败。这也给了孩子一个机会，在干扰发生之前提出抗议。

- 选择一个短语，让孩子知道您将要打断他。在您用游戏的方式干扰孩子正在做的事情之前，立刻说出这个短语。表 4.1 提供了一些您可以在游戏中使用的短语例子。

动动脑

您可以统一使用什么短语帮助孩子预期干扰的出现呢？

表 4.1 干扰孩子游戏的预告性短语示例

当孩子……	您可以说……
正在推火车	“我要来拿火车了……” “栅栏来了……” “一、二、三……停！”
正在来回跑动	“我来了……” “我要来抓你了……” “停……然后……出发！”

以游戏的方式打断孩子的活动

如果孩子在您打断他的游戏之前，就对您的短语表示抗议，这就是沟通。用有意义的方式回应，从而示范沟通，如“不要！”或“妈妈停下！”，说完就后退。

一旦您使用了统一的短语，就试着以游戏的方式打断孩子正在做的事情，或者以游戏的方式去拿他的玩具。

- 用手偶、毯子或其他玩具去拿孩子的玩具，或阻止他玩玩具。相比于只用手，这可能更能减少孩子的挫败感。
- 如果孩子漫无目的地游荡或来回跑动，您可以用游戏的方式挡住他，让他不能去想去的地方。

动动脑

您可以用哪些游戏的方式打断孩子的游戏？

- 保持游戏性！让障碍物成为游戏活动的一部分。例如，如果孩子正在推一辆玩具车，您可以把您的腿放在玩具车的前面，并告诉孩子：“一根树干掉在路上了！”
- 保持夸张，让过程持续有趣！

在图 4.1 中，保罗正推着一辆火车在轨道上行驶。他的爸爸正在使用**游戏性干扰**来促进他的参与和沟通。如序列图 4.1 所示，爸爸通过说“奶牛来了”来帮助保罗预期干扰，然后用玩具奶牛挡住轨道。当保罗提出抗议时，爸爸就移开奶牛，并通过说“走开”这个词来扩展保罗的沟通。

图 4.1　游戏性干扰

保罗的爸爸打断了火车的移动，为保罗创造了一个沟通的机会，并示范了他希望保罗使用的语言（“走开”）。

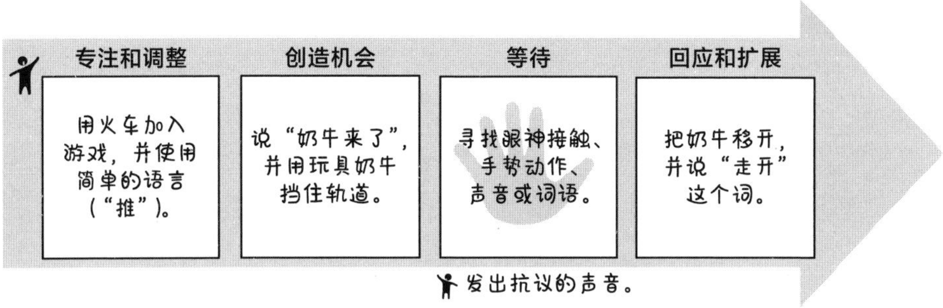

序列图 4.1

在下一页的“在家试试看！”表格中，您可以找到更多关于***游戏性干扰***的想法。本章末尾的表单是一份练习计划表，它将帮助您使用**创造机会**的三项技术（***游戏性干扰***，以及您接下来要学习的***均衡轮流***和***诱发沟通***）。您的教练将协助您完成练习计划表的上半部分，并向您展示在家练习后如何完成下半部分。

在家试试看！游戏性干扰

如果孩子……	您可以……
	玩具游戏
正在推一辆小汽车	• 说：“哔……哔！”然后用另一辆车挡住小汽车的去路。等待孩子回应，移开汽车，并说：“走开！”
拿着一个圆环	• 说：“小熊饿了，好香！”然后让一个毛绒动物玩具从孩子手中“吃掉”那个圆环。等待孩子回应，把圆环还给他，并说：“好吃！”
正在排列动物玩具	• 说：“它去哪儿了？”并把毯子、围巾或帽子盖在其中一只动物身上。等待孩子回应，并拿起动物说：“它在这里！”
把球放在滑道上	• 说：“然后……停！”然后将您的手放在滑道的顶部，这样孩子就不能把球放进去。等待孩子回应，然后移开您的手，并说：“然后……出发！”
	动态游戏
在沙发和椅子之间来回跑动	• 说：“我要先到！”然后跑在孩子前面，并坐在椅子上。等待孩子回应，然后让位给他，并说：“妈妈走开！”
漫无目的地游荡	• 说：“栅栏要关上了！”然后将您的胳膊轻轻地环绕在孩子身上，阻止他移动。等待孩子回应，让他离开，然后说：“栅栏开了！”
正在荡秋千	• 说：“一、二、三……停！”然后把秋千停在空中。等待孩子回应，放开他，并说“出发！”这个词。
即将滑下滑梯	• 说：“准备，就位，停……”并伸手阻止孩子滑下滑梯。等待孩子回应，然后让开，并说：“出发！”

均衡轮流

创造机会的另一个方法是使用**均衡轮流**。通过这项技术，您可以帮助孩子在游戏中进行轮流。轮流是孩子成长发育过程中的一个基础技能。随着孩子的成长，这个技能会变得越来越复杂。孩子们由发声游戏开始轮流，然后在结构性活动中轮流，比如来回扔球；然后是分享或交换玩具。当游戏材料支持轮流、孩子受益于发现新的游戏方式，以及当游戏的目标是轮流时，这项技术会有所帮助。有些幼儿可能还没有准备好用玩具进行轮流。请与您的教练讨论孩子的目标。当孩子准备好进行**均衡轮流**时，您可以通过这项技术：

- 帮助孩子进行轮流；
- 教孩子提要求。

现在，我们来讨论**均衡轮流**的关键要素。

帮助孩子预期轮流

在轮流之前，请统一使用相同的词语或短语，并搭配手势动作，以此帮助孩子预期轮流。

- 当轮到您时，拍拍您的胸脯并说，“换妈妈了”或“轮到我了”。当轮到孩子时，拍拍他的胸脯，并说“换诺亚了”或“轮到我了”（意指孩子），等等。
- 如果孩子刚开始学习代词，就说“轮到我了”（同时向自己做手势）和“轮到你了”（同时向他做手势）。
- 如果孩子开始模仿语言，您可以说“轮到我了”（同时向孩子做手势），从而示范您想要他使用的语言。

动动脑

您可以用哪些词、短语或手势动作来帮助孩子预期轮流？

进行轮流

动动脑

什么活动或玩具适合轮流玩？

即使孩子抗议或从您身边离开，也要确保您完成了您的回合。如果您允许孩子在他尖叫或抗议后保留玩具，可能会不经意地教导孩子，如果他大吵大闹就可以不用分享！

- 缩短您的回合时间！有些孩子等待的时间太长，就会失去兴趣。要对孩子等待的能力保持敏感。
- 刚开始时，您的回合只应该维持几秒钟。当孩子习惯轮流时，您可以增加您的回合的时间，并进行更频繁的轮流。

即使家长的回合很短暂，有些孩子仍难以进行轮流。在这种情况下，尝试用交换玩具的方式取代单一的玩具轮流。这样，孩子不会那么挫败，因为孩子会持续拿着一个玩具。用相同的玩具进行交换比用不同的玩具交换要简单。

- 有些孩子认为一次拿不到玩具代表着永远拿不到玩具。请教导孩子，他将会在下一轮再次获得玩具，即使他走开了。如果他没有回应，在进行另一次轮流前，先把玩具放在他旁边，跟随他的引导去做下一个活动。
- 有些幼儿还不会轮流玩玩具。如果是这种情况，您可以和另一个成年人或孩子示范轮流。

轮到您的时候示范游戏

一旦孩子可以和您轮流玩，您就可以示范一个新的、令他兴奋的玩玩具方式。您可以借此向孩子展示新的游戏技能。

- 向孩子展示玩具的不同使用方法。例如，如果孩子正在转动玩具车的轮子，您可以示范推车子的动作。
- 想一想有哪些不同的方式可以用来玩孩子最喜欢的玩具。以下是一些玩小汽车的不同方式举例：

✧ 把娃娃放进和拿出车子；
✧ 把车子推上和推下坡道；
✧ 洗车或擦干车子；
✧ 给车子加油；
✧ 开车到某一个地方，如公园；
✧ 撞车和需要修车。

动动脑

轮到您的时候，您可以示范哪些新的游戏技能呢？

- 表 4.2 可以用来帮助您选择要示范的游戏动作类型。

表 4.2 选择要示范的游戏类型

当孩子……	您可以……	例子
探索玩具和物品	把玩具组合在一起。	• 把积木放在杯子里。 • 将杯子堆叠在另一个杯子上。 • 把玩具藏在毯子下面。
将玩具和物品组合在一起	向孩子展示如何启动玩具。	• 玩弹出式玩具。 • 把球滚下放球的滑道。
理解他玩玩具的方式会导致什么事情发生	向孩子展示如何操作物品。	• 把车开下坡道。 • 把球滚到他那里。 • 亲他，然后亲一下娃娃。
玩可以过家家的小玩具	向孩子展示如何进行假装游戏。	• 假装车子是“脏的”，并用积木清洗它。 • 假装把茶倒入杯中。 • 假装小熊娃娃很害怕。
用玩具和其他物品进行假装游戏	向孩子展示如何用玩具演绎有情节的故事。	• 假装他的火车坏了，您需要修理它。 • 假装用食品玩具做晚餐。
假扮成不同的角色	向孩子展示如何表演一个故事。	• 假装生病，让他假扮医生。 • 假装发生了火灾，你们都是消防员。

> 观察其他孩子玩耍，学习玩玩具的不同方式。

在图 4.2 中，希瑟正在玩球。序列图 4.2 展示了希瑟的妈妈使用**均衡轮流**的步骤。她首先通过朝自己做手势和说“轮到我了”来帮助希瑟预期轮流。然后她快速地玩了一下球。希瑟伸手要球，妈妈把球给她，通过朝希瑟做手势和说“轮流”这个词的方式来扩展沟通。

图 4.2　均衡轮流

希瑟的妈妈用一个预告性短语（“轮到我了”）配上一个手势（手放在胸前），帮助希瑟学习轮流玩球。

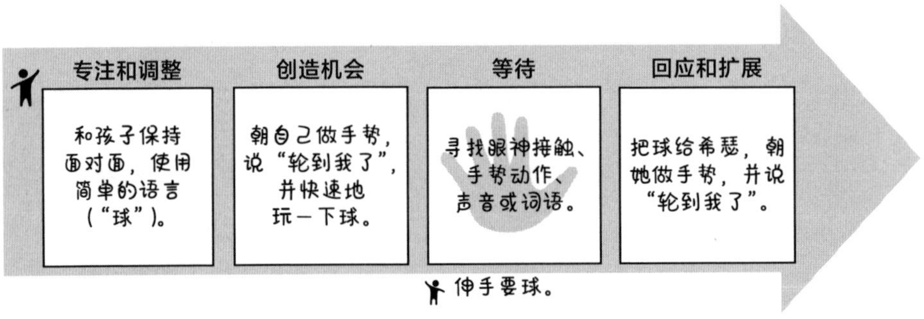

序列图 4.2

在下一页的“在家试试看！”表格中，您可以找到更多关于*均衡轮流*的想法。本章末尾的表单是一份练习计划表，它将帮助您使用**创造机会**的三项技术（*游戏性干扰*和*均衡轮流*，以及您接下来要学习的*诱发沟通*）。您的教练将协助您完成练习计划表的上半部分，并向您展示在家练习后如何完成下半部分。

在家试试看！均衡轮流

如果孩子……	您可以……
	起床时间
醒来时躺在床上	• 和孩子一起躺在床上，用毯子盖住自己，假装睡觉。假装突然醒来（使用**夸张化**，夸大动作）。鼓励孩子与您轮流盖毯子和“起床”！
	玩具游戏
正在玩汽车、火车、卡车或直升机等玩具交通工具	• 帮助孩子预期轮流。您可以说“轮到妈妈了，轮到我了”，并朝自己做手势。 • 进行轮流并示范一个新的假装游戏，如洗车或给车子加油。 • 等待孩子的回应，并轮到他的回合。根据孩子的沟通技能，说“轮到约翰尼了”“轮到我了”或“轮到你了”。
	动态游戏
正在玩游乐设施，如荡秋千、滑滑梯或蹦床	• 在设施上快速进行一次轮流。孩子看到您玩的时候可能会觉得很有趣。
	故事时间
正在看书	• 轮流翻页并指着书中的图片。
	吃饭 / 点心时间
正在吃饭或吃点心	• 试着分享食物。分给孩子吃一口，然后自己再吃一口。 • 如果孩子可以自己吃东西，您可以拿一个由您控制的大块食物，比如一大块全麦饼干，或者每次给孩子一小块点心。这会有帮助。 • 说“轮到我了”或“轮到妈妈了”，以及“轮到你了”或“轮到约翰尼了”。

诱发沟通

诱发沟通技术为孩子建立自然的情境，让他主动与您沟通，以继续进行某项活动，或是得到他想要的东西。这项技术很容易在日常生活中使用，比如吃饭和吃点心、穿衣服、洗澡和睡觉的时候。提前准备往往会有帮助。在游戏活动中，特别是当您打断孩子的游戏而使他感到挫败时，这项技术可以用来替代**游戏性干扰**和**均衡轮流**。**诱发沟通**可以用于：

- 增加孩子主动发起互动的机会；
- 吸引孩子的注意；
- 增加孩子沟通的原因。

> 在教特定的沟通原因（例如，提要求、抗议或获得关注）时，某些诱发沟通的方式比其他方式效果更好。要使用哪一种方式，取决于活动内容和孩子的沟通目标。

现在，我们来讨论**诱发沟通**的关键要素。

将有趣的物品放在孩子看得到但拿不到的地方

把孩子最喜欢的东西放在他能看到但不能拿到的地方，比如放在高处的架子上。这将鼓励他为了让您知道他想要什么物品和寻求帮助而吸引您的注意。注意：一定要把这些东西放在孩子爬不上去的地方！

- 将玩具放在不容易打开的透明容器中，让孩子看到玩具，但需要与您沟通并寻求您的帮忙才能拿到玩具。
- 如果孩子非常独立，可以自己吃东西、玩玩具、操作平板电脑或看视频，那么请在放置这些物品的地方上锁。这一策略有助于孩子与您沟通，而不是直接去获取他想要的东西。

> **动动脑**
> 如何将孩子最喜欢的东西放在他看得到但拿不到的地方呢？

对有些孩子来说，控制获取物品的途径比看得到但拿不到物品更让他们受挫，因为他们看到父母“干扰”了他们获得所需物品的能力。如果这项技术让孩子感到受挫，那就把物品放在孩子看得到但拿不到的地方，用这种方式代替。

控制获取物品的途径

控制孩子获取喜爱的物品的途径，以吸引他的注意，并帮助他通过提要求来获得他想要的物品。

- 举起孩子想要的东西，让他不能直接拿走。
- 将物品拿到自己眼睛的高度，让他在看着物品的同时与您有眼神接触。

每次给一小份

动动脑

您的孩子喜欢哪些由多个相似部分组成的物品？

给孩子一小份他喜欢的东西，以促使他跟您要更多。

- 给孩子少量或一块他所要求的物品，然后等着看他是否表示要更多。例如，如果孩子让您知道他想吃饼干，就给他一块饼干，然后等待观察他是否要求再吃一块。
- 在玩有很多相似部件的玩具（例如，积木、弹珠、乐高积木和拼图）时，每次给孩子一块，等待他告诉您他想要另一块。
- 确保孩子能看到物品，并和他保持面对面，让他知道他可以向您要更多。

如果孩子在您给他一小部分物品的时候感到受挫，就把剩下的物品给他，并使用其他**创造机会**的技术。

使用需要家长协助的物品

使用需要家长协助的玩具、材料或活动，鼓励孩子寻求帮助。

- 玩那些需要您协助孩子使用的玩具和材料。这可能包括吹泡泡、陀螺、发条玩具、气球、挠痒痒游戏和追逐等。

- 开始一项活动，然后暂停一下，看看孩子是否会要求继续。
- 给孩子一个需要您协助才能打开的物品，比如有包装的小零食。

动动脑

有哪些孩子喜爱的物品或活动是需要您协助的呢?

遗漏一部分物品

动动脑

在哪些活动中，您可以遗漏一部分物品?

在孩子最喜欢的活动中故意遗漏物品的一部分，以此鼓励孩子提出问题来寻找缺失的部分。

- 只给孩子他所要求的物品或材料的一部分，然后等待并观察他是否要求获得所缺的东西。例如，如果孩子要求喝果汁，就给他一罐他打不开的果汁，而且不给他杯子。然后等待，直到孩子表示想要一个杯子。如果孩子没有回应，就向他展示没给他的物品。
- 表 4.3 提供了遗漏一部分物品的例子。

> 如果孩子不知道日常活动或惯例的具体内容，遗漏一部分物品不会有效。相反，可以通过给一小份来促使孩子发起互动。

表 4.3　遗漏一部分物品的例子

当孩子……	您可以……
正在涂色	只给他一张纸。
正在玩火车	把所有的火车藏起来。
正在玩娃娃屋	把所有的娃娃藏起来。

装糊涂

用错误的方式进行日常活动，以鼓励孩子向您展示或告诉您做某件事的正确方式。

- 用装糊涂或明显“错误”的方式做一些事，同时充满期待地看着孩子。例如，把鞋穿到手上而不是脚上。当您和孩子正在玩娃娃屋时，把食物放在床上，而不是把娃娃放在床上。

如果孩子对正确完成日常活动的方式没有概念，请使用其他诱发沟通的技术。

- 改变日常活动中可被预期的一部分内容。例如，唱字母歌时唱出错误的字母。
- 如果孩子对装糊涂的情况没有反应，就惊呼“这太搞笑了”（确保这时使用**夸张化**），再用预期的方式完成日常活动。

图 4.3 和序列图 4.3 展示了托德的妈妈使用**创造机会**的技术的情境，她将一些东西放在托德看得到但拿不到的地方，以鼓励他进行沟通。妈妈把

图 4.3　诱发沟通

托德的妈妈把托德最喜欢的玩具放在一个他打不开的罐子里（看得到但拿不到），为托德创造一个沟通的机会。

托德最喜欢的玩具放在一个他打不开的玻璃罐子里，并把玻璃罐子放在他视线范围内。妈妈专注在托德身上，跟着他走到玻璃罐子前，并等待他沟通。托德把罐子递给妈妈并说“打开”。妈妈以打开罐子作为回应，并说“打开罐子”来扩展沟通。

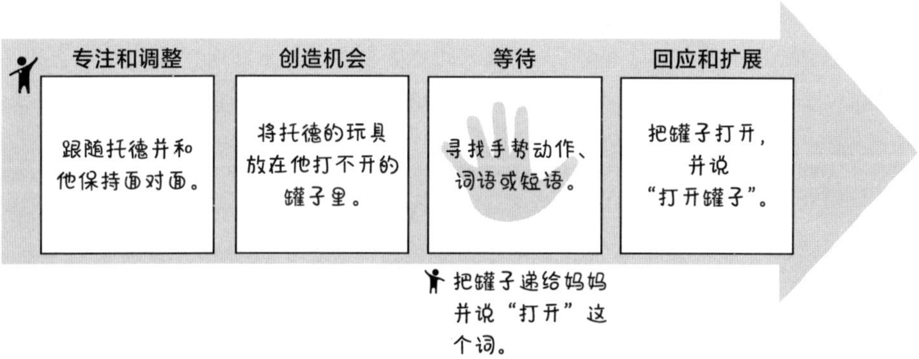

序列图 4.3

在下一页的“在家试试看！”表格中，您可以找到更多关于**诱发沟通**的想法。本章末尾的表单是一份练习计划表，它将帮助您使用**创造机会**的全部三项技术（**游戏性干扰**、**均衡轮流**和**诱发沟通**）。您的教练将协助您完成练习计划表的上半部分，并向您展示在家练习后如何完成下半部分。

在家试试看！诱发沟通

如果孩子……	您可以……
	吃饭 / 点心时间
正在吃饭或吃点心	• 给他一小部分食物，并等待他要更多。把剩下的部分放在他的视线范围内，让他知道他可以要更多。 • 从一个较大的水壶中倒出少量的饮料到他的杯子里，然后等待，让他能要求更多。把水壶放在桌子上，让他知道他可以要更多。 • 当他要求喝果汁时，给他一盒果汁，但不要给他杯子。等待并观察他是否用手势动作或词语来表示想要杯子。如果他没有要求，就把杯子放在他的视线范围内。
喜欢需要协助才能吃的食物	• 给他带包装的点心，并等待他要求您帮他打开包装。 • 把整份食物都端给他，并等待他要求您帮他切成小块。
跟您一起吃饭	• 假装吃餐巾纸，这样他可以告诉您哪些东西可以吃。使用**夸张化**的方式装糊涂，等待，然后说："哦，我不能吃这个，我需要吃食物！"
	穿衣服
正在穿衣服	• 在他的视线中举起两件上衣。等待并观察他是否表示想要一件特定的上衣。 • 只给他穿上一只袜子，等待，让他要求穿上另一只袜子。 • 假装把孩子的鞋子穿在他的手上而不是脚上，然后等待，让他告诉您正确的做法。使用**夸张化**的方式装糊涂，等待，然后说："哦，鞋要穿在脚上！"
正在脱衣服	• 假装在脱掉鞋子前先脱袜子，并等待他告诉您正确的做法。使用**夸张化**的方式装糊涂，等待孩子的回应，然后说："哦，我需要先把鞋子脱掉。"

（续表）

如果孩子……	您可以……
	洗澡时间
正在浴缸里玩玩具	• 把孩子最喜欢的洗澡玩具放在浴缸旁边的架子上，让他看得到但拿不到，这样他就可以要求您帮忙拿玩具。 • 将孩子的洗澡玩具放在一个带盖子的透明塑料容器中，然后等待，这样孩子就可以要求您帮忙打开它。 • 给孩子上发条的洗澡玩具，然后等待孩子要求您帮忙启动玩具。
喜欢别人帮他洗澡	• 只洗一个身体部位，并等待他要求您继续洗。
	睡觉时间
喜欢在睡前听故事	• 读一页孩子喜欢的睡前故事，然后等待，让他要求您翻页。
喜欢听摇篮曲	• 唱或播一段孩子喜欢的摇篮曲，然后等待，让他要求您继续。

练习计划表——创造机会

日期：__________

计划	
目标： 活动：	可能有什么困难： 可能的解决方法：

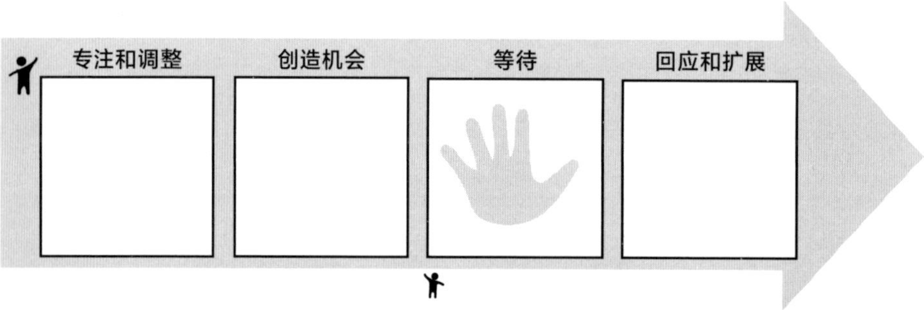

反思	
哪些部分进展顺利？ 哪些部分遇到困难？	可能的解决方法：

第 5 章

教授新技能

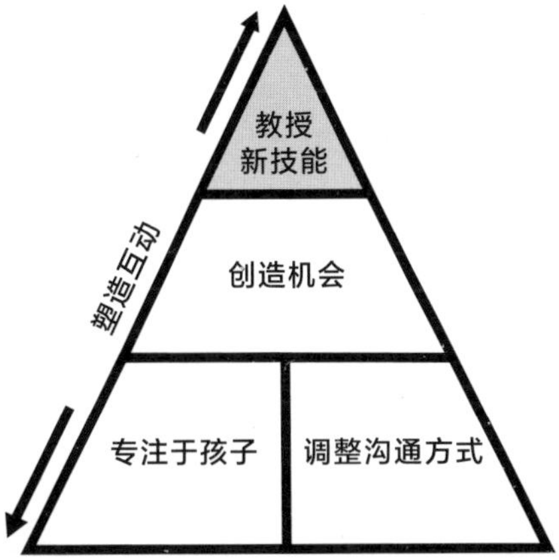

教孩子使用新的、更复杂的社交沟通技能

提示和奖励

- ❖ 确保孩子有参与动机
- ❖ 提示孩子使用与目前行为相关的更复杂的技能
- ❖ 使用清晰的提示
- ❖ 给予提示后要等待
- ❖ 根据需要给予更多的支持
- ❖ 随着时间降低提示的支持度
- ❖ 确保孩子做您要求的事情
- ❖ 立刻给予奖励
- ❖ 使用自然奖励
- ❖ 只奖励积极行为

提示主动沟通

- ❖ 使用时间延迟
- ❖ 提问法
- ❖ 使用句子填空
- ❖ 提供选择
- ❖ 示范语言供孩子模仿
- ❖ 使用惯用口语
- ❖ 示范手势供孩子模仿
- ❖ 使用肢体引导

提示理解沟通

- ❖ 使用口头指令
- ❖ 使用手势提示
- ❖ 示范动作供孩子模仿
- ❖ 使用肢体引导

提示模仿

- 示范动作供孩子模仿
- 使用肢体引导

提示扩展游戏

- 引导式评论
- 提问法
- 提供选择
- 使用口头指令
- 示范动作供孩子模仿
- 使用肢体引导

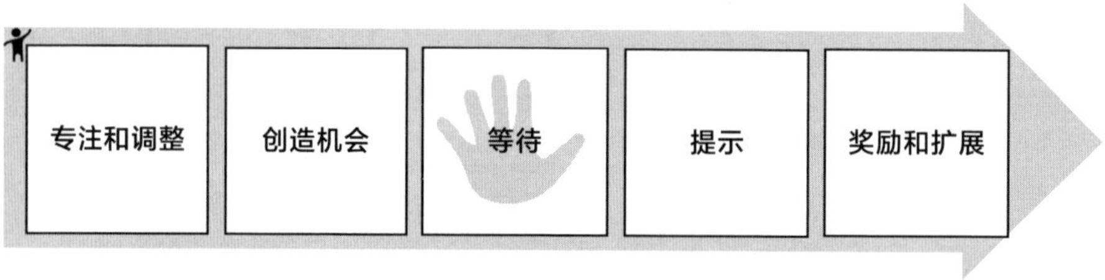

序列图

您已经学会通过**专注于孩子**、**调整沟通方式**和**创造机会**帮助孩子参与和发起互动。这些技术是 ImPACT 计划五大策略 F.A.C.T.S. 中的“F”“A”和“C”。到目前为止，在孩子无须使用新的或更复杂技能的前提下，您一直在立即做出回应并扩展这些自发的互动。然而，对于许多有社交沟通困难的儿童来说，这些策略并不足以让他们学习新的技能。在下一部分的课程中，您将学习 F.A.C.T.S. 中的“T”（Teach New Skills），它代表**教授新技能**。您将通过***提示和奖励***来教导孩子用新的、更复杂的方式进行沟通和游戏。

和之前一样，请从专注于孩子、调整沟通方式和创造机会开始，等待孩子回应或发起互动。现在，您将不会回应孩子的所有动作，而会提示（或暗示）他使用特定的新技能，并且会等孩子使用技能后才做出回应（如上一页的序列图所示）。当孩子使用特定技能时，您将奖励和扩展孩子的回应。

当您开始提示一种新的技能时，孩子可能会感到挫败，因为您改变了规则，他要使用新的技能才能拿到想要的东西。如果发生这种情况，别担心！这种挫败感是常见的，通常是因为孩子还不理解您对他有新的期待。对于大多数孩子来说，一旦他们理解了您对他们的期待——也就是他们需要使用特定的技能，这种挫败感很快就会减轻。要在教导孩子的同时减少挫败感，最好的方法是保持一致。您越是一致地遵循这些技术，孩子就会越快地学会您期待的技能，他的挫败感也会越快地减轻。

确保这组策略的使用只占互动约三分之一的时间，这样孩子不会感到挫败。剩下的时间，您将在不提示新技能的情况下继续对孩子的互动发起做出回应。

本章的第一部分介绍了如何使用***提示和奖励***，剩下的部分详细解释了如何使用特定的提示技术，包括***提示主动沟通***、***提示理解沟通***、***提示模仿***和***提示扩展游戏***。比较年幼的孩子可能还没有准备好接受本章所述的一些提示。您的教练可以帮助您确定哪种类型的提示最适合孩子。

提示和奖励

提示是一些线索，可以帮助孩子用新技能做出回应。提示有很多不同的层级，从只给一点提示到用肢体引导。提示有助于孩子了解您的期待和回应的方式，以及避免孩子感到挫败。奖励（有时称为强化物）是孩子成功地使用新技能后获得的一个积极结果。它可以是孩子喜欢的任何东西，包括您的微笑、笑声或关注，和您一起做一个有趣的活动或者玩喜欢的玩具。当您引导孩子做或说一些新的或更好的事情时，您应该奖励孩子。这将增加他再次使用新技能的可能性。以下建议将有助于您更有效地使用提示和奖励。

动动脑

什么样的活动适合用来提示孩子使用新技能？

确保孩子有参与动机

提示孩子使用新技能的最好时机是他做自己喜欢的事情的时候。如果孩子缺乏动机，或者您提示时没有给他提供足够的支持，他可能会感到挫败或离开活动。

如果孩子没有投入活动或对活动缺乏参与动机，请尝试提供不同的活动，或使用**专注于孩子**或**调整沟通方式**。

- 当孩子对活动的积极性很高时，请提示孩子使用新的技能。通过专注于孩子，您可以确认他对活动是感兴趣的。
- 避免在孩子对活动不感兴趣，或者不开心、感到挫败、疲惫或生病的情况下提示新技能。

提示孩子使用与目前行为相关的更复杂的技能

为了帮助孩子以最有效的方式学习，请提示孩子使用一种比他现在的技能稍微复杂一些，且与他正在做的事情有关的技能。如果您提示一个不相关的技能，比如给词卡上的图片命名，或者在孩子玩消防车的时候询问他的名字，孩子就不太可能做出回应。

- 思考一下孩子目前的沟通和游戏技能，然后往前一步以达到下一个技能水平。例如，如果孩子指着一个苹果，但没有使用语言，则提示他发出声音（“果”）或尝试去说这个词（近似“苹果”的发音），或者用一个特定手势动作来表示词义（用手指着嘴巴，表示“吃”）。
- 用孩子已经在使用的材料、玩具和活动来给出提示。例如，如果孩子在玩积木，您可以使用一小部分的积木，然后只给他其中几块积木。在给孩子另一块积木之前，提示孩子说“积木”或用手势动作来表示“积木”。
- 帮助孩子使用与他正在使用的材料相关的技能。例如，如果孩子正在滚动小球，提示他说“让球滚起来！”，而不是要求孩子说出球的颜色。
- 您一直在示范的更复杂的语言和游戏技能，适合用来提示孩子使用。
- 利用为孩子设立的目标来帮助您决定要提示什么。您还可以使用第 1 章中有关儿童社交沟通发展的表格（表 1.1—表 1.4）来帮助您决定下一步要提示的技能。

动动脑

您希望孩子使用哪些语言和游戏技能？

使用清晰的提示

使用清晰的提示，帮助孩子了解您希望他做什么。这有助于避免孩子感到挫败。

- 在给予提示前暂停一下。
- 先引起孩子的注意，然后使用简单的语言。
- 每次只使用一个提示。避免同时使用几个提示，而每个提示都指向略微不同的答案，例如：“你想要这块积木吗？”（目标回答：“是”）；

“我应该做什么？”（目标回答：“给我积木”）；“告诉我，‘我想要积木’”（目标回答：“我想要积木”）。

给予提示后要等待

就像您使用**创造机会**的技术时学会等待孩子的回应一样，在给予提示后您也需要等待。

> 等待时间的长短取决于孩子的技能、动机和情绪，请和教练讨论在两次提示间应该等待多长的时间。

- 给孩子足够的时间去回应。在给另一个提示前，试着在头脑里慢慢数到5。有些孩子可能需要更长的时间才能做出回应。
- 过快给予提示会让孩子没有成就感，并且妨碍孩子学习如何自己做出回应。

根据需要给予更多的支持

提示有不同的支持程度，从支持度最高到支持度最低的提示。为了培养孩子的独立性，先使用足以帮助孩子做出正确回应的、支持程度最低的提示。如果孩子无法成功地在您提示后使用新技能，您可以提供更高程度的提示，让他继续尝试。这就是我们所说的“三次提示原则”。

- 确保孩子在第三次提示时能成功，在需要时给予他更多的支持。
  - ✧ 从支持度最低的提示开始。
  - ✧ 如果孩子没有回应，重复提示或使用支持度更高的提示。
  - ✧ 如果孩子还是无法理解，提供更多的支持，让孩子可以成功。
  - ✧ 图5.1展示了在提示孩子使用新的沟通技能时可以如何增加支持（通过指向某物来提要求）。

> 有些孩子在您开始教授新技能时可能会抗拒，这没关系！您可以针对孩子的情绪进行沟通的示范，并根据需要给予更有帮助的提示。

- 三次提示原则只是个通用准则。如果孩子有很强的参与动机，您可以提示三次以上，以获得正确的回应。如果他缺乏动机，或者很容易感到挫败，您可能需要在少于三次提示前就要帮助他获得成功。

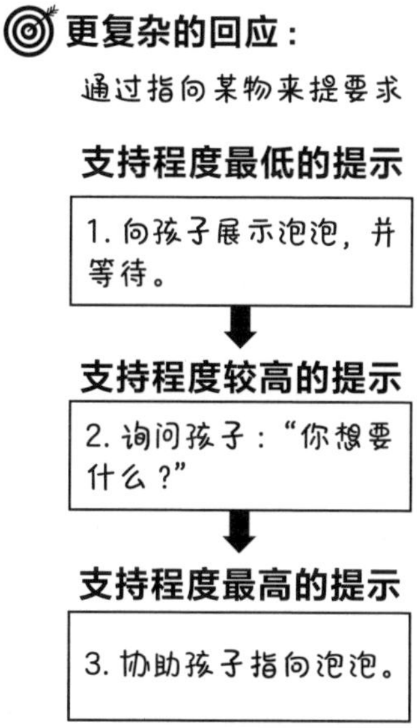

图 5.1　增加提示的支持度以协助孩子使用新的沟通技能（示例）

随着时间降低提示的支持度

随着孩子学习得越多，您会给予越来越少的帮助，直到他自己运用新技能。

- 当孩子刚开始使用新的技能时，请使用一个支持度更高的提示。您的教练可以帮助您识别孩子刚开始需要的帮助水平。
- 当孩子能够在一个提示水平上成功回应后，开始使用一个支持度较低的提示。
- 如果孩子因为您的提示而感到挫败，您可能需要使用一个支持度更高的提示。

- 在各项活动间和各项活动中切换您使用的提示类型，避免让孩子每次都预料到会发生相同的事情。

确保孩子做您要求的事情

当您教授一个新的技能时，您希望在给予奖励前，孩子先回应您的提示。这样，他会认识到使用新技能可以得到他想要的东西，将来就更有可能使用这个技能。

> 如果您在孩子没有努力尝试时就奖励他，孩子的经验就是他不需要努力尝试，那么他下一次就可能不会尝试回应。

- 如果您提示孩子使用特定的新技能，先不要奖励他，直到他尝试独立或在您的帮助下使用新技能。如果孩子没有回应您的提示，请给他一个支持度更高的提示。例如，如果您提示了孩子三次说“球”，只有当他说“球”、努力尝试说“球”或者在您的帮助下指向球的时候，才把球给他。
- 可以奖励孩子做出好的尝试，即使那不是您所期望的回应。例如，如果孩子伸手去碰泡泡，而您提示他说“泡泡”，那么当他做出一个好的尝试时（例如，发出“po”这个音或者清楚地用手指向泡泡时），您可以吹泡泡来奖励他。

立刻给予奖励

即时的奖励可以帮助孩子在他的行为和其后发生的事情之间建立联系。

- 即使您需要给予孩子提示，也要在孩子使用新技能后立即奖励孩子。尝试在几秒钟内给予奖励。例如，如果您让孩子去拿卡车，然后他做到了，那么请立刻开始和孩子一起玩卡车。
- 在给孩子他想要的东西之前，请勿要求孩子做出多次回应，因为这可能会使他感到挫败，他还可能会认为他的沟通是无效的。例如，避免在要求孩子指向果汁时，又要求他在您问“你要不要喝果汁？”的时候说“要”。选择其中一种技能进行练习，引导他用手指指物或回应您的问题，但不要同时做两件事。

- 您可以提示孩子在同一项活动中多次使用新技能，只要您奖励孩子的每次回应即可。将奖励分为多个较小的部分，并在他每次使用新技能时奖励他。例如，如果孩子想要饼干，在他每次用新的技能表达要求时，就给他一小块饼干。
- 当您奖励孩子时，可以示范一个更复杂的沟通或游戏技能，从而扩展他的回应。例如，如果孩子在您提示后说“我要开车”，请给他玩具车，然后说“我要把车开得很快”。

使用自然奖励

奖励如果与孩子的行为、动作或沟通相关，就是所谓的“自然奖励”。自然奖励会增加孩子在日常活动中使用恰当行为的可能性。

- 奖励与孩子在做的和（或）说的事情有关。例如，如果孩子看到一辆玩具车，您就提示他说“车”，然后他就通过玩玩具车而获得奖励。这样，他将来就更有可能说“车”。相比于在他说“车”后给他糖果，这样的奖励更自然。
- 通过专注于孩子，您可以知道当下什么是好的奖励。
- 为了教授一些新技能，您可能无法总是使用和孩子当下正在做的事情有关的奖励。当孩子使用新技能时，您可能会需要给予他额外的奖励，比如孩子喜欢的玩具、活动或点心。您的教练可以帮助您决定什么时候需要使用额外的奖励。

动动脑

如果孩子在日常活动或游戏中使用新技能，您可以用哪些方式奖励孩子？

如果孩子没有回应，记得通过**专注于孩子**来确保孩子保持对物品或活动的兴趣。

只奖励积极行为

动动脑

您希望避免奖励孩子的哪些行为？

如果孩子同时使用新技能和问题行为，请谨慎使用奖励。例如，如果孩子在说“饼干”的同时也在打您，请不要给他饼干，否则您可能会意外地鼓励他打人的行为，导致他做出更多这样的行为。

奖励将增加这一刻行为的出现频率，所以请只奖励您希望出现更多的行为。

- 不要奖励问题行为，因为孩子将学会持续通过问题行为去获得想要的东西。您可以告诉孩子您知道他不高兴，然后重新引导他或开始新的活动。例如，如果孩子大声地喊叫，想要火车，请不要给孩子火车，因为您不希望他喊叫。
- 持续在正确的时间使用奖励是需要练习的，如果有需要，请寻求教练的额外帮助。

本章末尾的表单是一份练习计划表，它将帮助您使用**提示和奖励**。您的教练将协助您完成练习计划表的上半部分，并向您展示在家练习后如何完成下半部分。

提示主动沟通

既然您已经知道如何使用**提示和奖励**来**教授新技能**，您就可以使用这些策略来教孩子使用新的沟通技能，例如手势动作、字词、词语组合或句子。这也可以减少孩子为了满足其需求而可能产生的不当行为。您可以增加孩子：

- 对手势动作的使用；
- 对口头语言技能的使用；
- 对言语和非言语技能的共同使用；

- 沟通的理由。

在向孩子**提示主动沟通**时，首先要专注于孩子，调整您的沟通方式，以确保孩子有参与动机。如果孩子没有主动发起沟通，请使用创造机会的技术并等待他沟通。接着，提示他使用新的或更复杂的沟通技能。在孩子使用新的沟通技能之后，即使他需要您的帮助，也应该奖励他，给他想要的物品或活动。请记住，只奖励孩子良好的尝试，不要奖励不当的行为。

- 等待孩子沟通，然后提示他使用比他一开始的沟通复杂一点的技能，并且这个技能要与他目前做的事情有关。
- 根据表 5.1 和您给孩子设定的目标，确定要提示孩子使用哪些新的沟通技能。
- 表 5.2 描述了不同的**提示主动沟通**的方法，从支持度最低的提示到支持度最高的提示。
- 先使用孩子正确回应所需要的支持度最低的提示，如果孩子在这个提示下无法使用新的沟通技能，请使用一个支持度更高的提示，保证孩子能够成功。
- 请记住三次提示原则：确保您提供支持度足够的提示，让孩子能够在三次提示内正确地做出回应。您的教练可以帮助您决定以哪个沟通提示为切入点。
- 随着时间的推移，降低提示的支持度以帮助孩子自发地使用技能。
- 提示更复杂的沟通技能只占互动约三分之一的时间，以确保孩子不会感到挫败。剩下的时间，请继续回应孩子自发的沟通。

动动脑

您可以提示孩子使用哪一种沟通技能，而它是比目前孩子所会的沟通技能再复杂一些的？

动动脑

您可以使用哪三个提示来帮助孩子使用新的沟通技能？

动动脑

当孩子使用新的沟通技能时，您可以怎么奖励孩子？

表 5.1　选择要提示的沟通类型

当孩子……	您可以……	例子
使用眼神交流或前意图期的手势动作	提示有意图的手势动作和字词。	• 指向某处。 • 比出“开”或“轮到我”的手势。 • 说“推”或“车”。
使用有意图的手势动作、发出类似词语的声音或使用单个词语	提示单个词语和词组。	•“球。” •“扔球。”
把两到三个词语组合在一起	提示简单的句子。	•“给我饼干。” •“我还要挠痒痒。”
使用简单的句子	提示包含描述的复杂句。	•“穿上我的红色裙子。” •“打开冷水。”
使用复杂的句子	提示包含语言概念（例如，时间或情绪）的复杂句。	•“我们吃完午餐后去外面吧。” •“我不喜欢吃西蓝花。”

表 5.2　“提示主动沟通”的类型

提示类型	描述	例子
使用时间延迟	用期待的眼神看着孩子，等待孩子自发地使用更复杂的沟通技能。如果孩子 10 秒内没有回应，增加一个支持度更高的提示。	• 当孩子喝完他的果汁后看着您，表示想要更多果汁时，拿起果汁盒，等待他指向果汁。 • 如果孩子说了“车”这个字，请用带着期待的眼神等待，以此引导他说“我要车”。
提问法	问孩子问题，帮助他沟通和扩大他的词汇量。“什么”“哪里”和“谁”开头的问题会比关于“怎么样”“为什么”和“什么时候”开头的问题简单。	• 准备给孩子洗澡的时候，指着水龙头问“你想要什么？”，以此引导孩子说“放水”。 • 在挠痒痒的游戏中问孩子“你想要哪里被挠？”“你想要谁挠你？”或“你想被挠几次？”，以此引导他使用更多的语言。

（续表）

提示类型	描述	例子
使用句子填空	留着句子最后的部分，让孩子说出漏掉的单词或做手势。	• 给孩子提供两种不同的点心，然后说“我要……”，以此引导他指向点心或告诉您他想要哪个点心。 • 放一个娃娃在床上，然后说“娃娃在……”，等待孩子说出“床”这个字。
提供选择	给孩子提供两个选项来回答问题。如果孩子一直重复第二个选择，让他在喜欢的东西（第一个说）和不喜欢的东西（第二个说）之间做选择。如果他重复第二个选择，那就把第二个东西给他，即便您知道他并不想要。	• 拿着玩具车和纸巾，然后问孩子：“你想要车子还是纸巾？”孩子可以通过手势动作或词语来做选择。 • 拿着红色和蓝色的上衣，然后问孩子：“你想穿红色还是蓝色上衣？”以此引导他告诉您他想要什么。
示范语言供孩子模仿	示范您想要孩子模仿的一个词或短语。	• 当孩子想要玩具车时，请拿起一辆车，然后说“车”。等待孩子去重复这个字。
使用惯用口语	惯用口语是孩子已经听到许多次且有意义的短语。以惯用语为提示时，从短语开始，但留着最后一部分，并带着期待等待孩子的回应。	• 在吹另一个泡泡之前，说“预备……”，然后等待孩子补充“开始”。 • 在帮助孩子“跳高高”之前，说“一、二、三……”，然后等待孩子补充“跳”或“开始”。
示范手势供孩子模仿	示范您想要孩子使用的手势动作，并搭配口语。	• 当孩子想要离开一个区域时，示范挥手说“拜拜”，然后等待他模仿您。 • 当孩子想要一个玩具时，指着玩具并给它命名，然后等待孩子模仿指向玩具的动作。

（续表）

提示类型	描述	例子
使用肢体引导	用肢体引导孩子完成一个手势动作。	• 当孩子看着柜子上一个他想要的玩具时，使用肢体引导他举起手并用手指向玩具。 • 当孩子想去外面时，用肢体引导他用手敲门。

在图 5.2 中，薇薇安在吃点心。她的妈妈使用**提示主动沟通**来教她用新的词表达需求。序列图 5.1 列出了薇薇安妈妈遵循的步骤。她拿着饼干，然后等待，观察薇薇安如何沟通。薇薇安以伸手拿饼干的方式回应。妈妈通过提问法提示薇薇安说“饼干”。当薇薇安没有回应的时候，妈妈通过示范说词语来给予支持度更高的提示。薇薇安还是没有回应，所以妈妈再

图 5.2　提示主动沟通

薇薇安的妈妈通过问一个直接的问题，提示薇薇安使用一个更复杂的技能。

次示范说这个词。这次薇薇安说了“饼”来回应。妈妈给了薇薇安饼干来奖励这次沟通，然后说“饼干”来扩展她的回应。请注意，薇薇安的妈妈使用了三次提示来帮助薇薇安说“饼干”，并且在薇薇安尝试说“饼”前没有奖励她。

> 请记住，三次提示原则只是个通用准则。如果孩子感到非常挫败，您可能需要在少于三次提示前就帮助他获得成功。

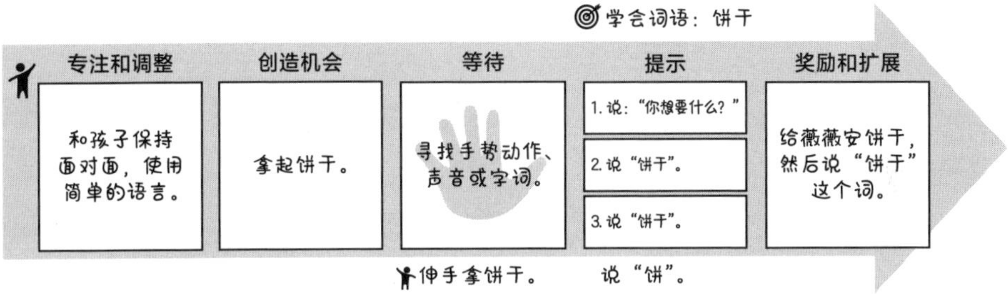

序列图 5.1

随着薇薇安发展出更好的沟通技能，她的妈妈可以提示她使用短语或句子，并引入新的语言概念，比如数字、大小或形状。序列图 5.2 展示了薇薇安开始将词语组合起来时所需的步骤。请注意，在这里，薇薇安的妈妈只用了两个提示，就帮助薇薇安学会了一个新的沟通技能。

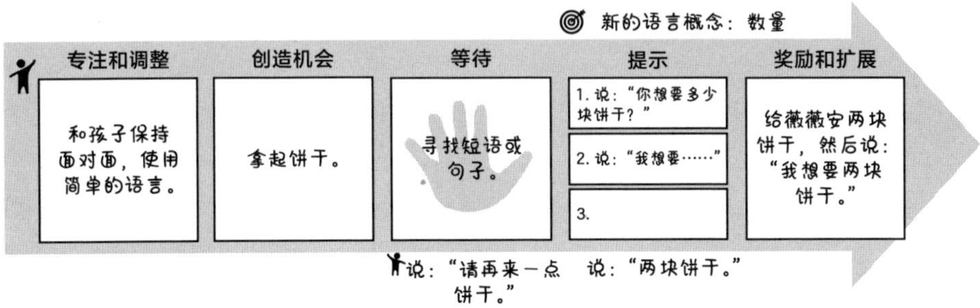

序列图 5.2

在下一页的“在家试试看！”表格中，您可以找到更多关于**提示主动沟通**的想法。本章末尾的表单是一份练习计划表，它将帮助您使用**教授新技能**中的任何或全部技术（**提示主动沟通**、**提示理解沟通**、**提示模仿**和**提示扩展游戏**）。您的教练将协助您完成练习计划表的上半部分，并向您展示在家练习后如何完成下半部分。

在家试试看！提示主动沟通

如果孩子……	您可以……
玩具游戏	
正在玩积木	• 拿起积木，然后问“你想要什么？”“要几块积木？”或“我应该把积木放在哪里？”。
正在玩需要准备或有多个步骤的活动（例如，水球或手工）	• 让他告诉您步骤：“我应该做什么？”“这个要放在哪里？”，或“我接下来要做什么？”。在他回应提示时，确保先奖励他，然后再提示他告诉您下一步是什么。
吃饭 / 点心时间	
正在吃点心或肚子饿	• 让孩子选择要吃什么，例如：“你想要小鱼饼干还是水果点心？”试着提供他喜欢和不喜欢的食物，帮助他做一个更有意义的选择。 • 一次只给孩子一小部分他喜欢的食物。当他想要更多时，提示他告诉您想要什么：“你想要什么？”或提示他想要多少：“你想要几块？” • 让孩子帮您准备他喜欢的食物或点心。给他一个需要加入的原料，但在他放入前，提示他告诉您需要放什么进去：“放巧克力”。
穿衣服	
正在穿衣服	• 让孩子选择要穿什么以及穿衣服的顺序，提示他告诉您他的偏好。例如，拿起两件不同颜色的上衣，问：“你想要红色还是蓝色？”或者：“先穿哪个？裤子还是上衣？” • 提示孩子告诉您衣服在哪里，例如，在帮孩子穿鞋时说：“鞋子穿在你的……［脚上］”，并指着孩子的脚。
需要别人帮他穿鞋或其他衣物	• 把鞋递给孩子，然后带着期待的眼神等待。如果他没有回应，提示他告诉您：“你需要什么？”（“帮忙”或“穿上鞋子”）

（续表）

如果孩子……	您可以……
	洗澡时间
需要别人帮他脱衣服	• 如果孩子需要别人帮他脱衣服，一次帮他脱掉一件。提示他告诉您接着要脱掉什么。
喜欢洗澡玩具	• 拿出需要协助才能使用的玩具，比如发条玩具。提示孩子让您转动发条。
喜欢洗澡	• 一次只洗身体的一个部位，然后等待。例如，洗一只手，然后等待。提示他告诉您希望接下来洗哪个部位。
	睡觉时间
喜欢听故事	• 一次读一页书。提示他告诉您翻页。 • 您也可以在开始读下一页之前等待，然后提示他让您开始读。

提示理解沟通

您也可以使用**提示和奖励**教孩子理解沟通和遵循您的指令。熟悉的日常活动是教导孩子理解沟通的好时机，因为孩子已经对活动的步骤有概念，更容易理解您的指令。您也可以使用自然奖励。**提示理解沟通**将会帮助孩子：

- 遵循您的指令；
- 理解新的词语、短语或语言概念。

教导孩子理解沟通时，您通常会从**专注于孩子**开始，然后**调整沟通方式**以确保孩子有参与动机。接下来，用**创造机会**吸引孩子的注意力。一旦获得孩子的关注，请提示孩子遵循您的指令。在孩子遵循您的指令后（即便需要您的帮忙），请表扬他，告诉他做对了什么，然后马上让他做想做的事情，以此奖励他。这会让孩子更有可能理解并再次遵循您的指令。

动动脑

在日常活动中，您可以给孩子哪些指令？

有时候，孩子会需要遵循您的指令去做不是他选择的日常活动或其他活动，比如刷牙或把玩具收好。在这些日常活动中，您可能不会从专注于孩子开始，也可能无法使用自然奖励。这种情况下，您会先创造机会，吸引孩子的注意力，然后发出指令。孩子遵循指令后，您可能会需要给他额外的奖励，比如孩子喜欢的玩具、活动或点心。您的教练可以帮助您决定什么时候使用额外的奖励。

- 从一个清楚和明确告诉孩子要做什么的口头指令开始。请不要在应该发出指令的时候问问题。例如，应该说“把鞋子穿上”，而不是“你能把鞋子穿上吗？”。
- 使用简单的口头指令。除非孩子正在学习遵循

在给任何的指令前，确保您吸引了孩子的注意。

> **动动脑**
> 您可以用哪三个提示引导孩子遵循您的指令？

多步骤的指令，否则只给一步的指令。例如，不要说“穿好鞋子和外套，然后我们出发”，而要说“把鞋子穿上”；在孩子回应后，再给他指令的第二个步骤：“穿外套”。

- 如果孩子难以回应，请通过重复口头指令来增加支持度，或使用支持度更高的提示。记住三次提示原则：确保帮助孩子在三次提示内获得成功。
- 表 5.3 展示了**提示理解沟通**的不同类型，从支持度最低的提示到支持度最高的提示。您的教练可以帮助您决定以哪个提示为切入点。
- 不要在没有肢体引导的情况下不断地重复您的指令，否则孩子可能会觉得他不需要回应！

> **动动脑**
> 在孩子遵循指令的时候，可以怎么奖励他？

- 逐渐降低提示的支持度，这样孩子可以学习在没有您的帮助下遵循指令。
- 与其他类型的提示一样，请确保**提示理解沟通**的使用只占互动约三分之一的时间。

表 5.3 “提示理解沟通”的类型

提示类型	描述	例子
使用口头指令	明确地告诉孩子该做什么。让指令保持简单，避免给孩子过多的信息。	• 帮孩子穿衣服的时候，说“穿上你的上衣”，然后等待孩子把上衣穿上。 • 和孩子一起涂色时，说“用红笔”，然后等待孩子用红笔涂色。
使用手势提示	运用手势动作搭配口头指令，提示孩子该如何回应。	• 和孩子一起准备点心时，说“去拿花生酱”，并指着花生酱。等待孩子去拿花生酱。 • 到了离开的时间时，说“穿上你的外套”，并把孩子的外套举起来。等待孩子穿上外套。

（续表）

提示类型	描述	例子
示范动作供孩子模仿	示范动作并搭配口头指令，向孩子展示该如何回应。	• 在准备点心时说“去洗手”，然后示范将您的手放在水龙头下。等待孩子去洗手。 • 和孩子一起购物时，说“把麦片放进来”，然后示范将麦片放进购物车里。接着，将麦片放回架子上，然后等待孩子将麦片放入购物车中。
使用肢体引导	用肢体引导孩子回应您的口头指令。	• 到了要外出的时间时，说“去拿你的鞋子”，然后用肢体引导孩子拿鞋子。 • 玩球的时候说“把球扔给我”，然后用肢体引导孩子扔球。 • 要收拾玩具时，说“把玩具放进箱子里”，然后用肢体引导孩子把玩具放进箱子里。

在图 5.3 中，詹姆斯的爸爸在早餐时使用**提示理解沟通**，教詹姆斯如何遵循一步骤指令。序列图 5.3 列出了詹姆斯的爸爸使用的每个步骤。爸爸给詹姆斯展示牛奶，等待詹姆斯的注意。然后，爸爸给出了清晰的口头指令。当詹姆斯没有回应的时候，爸爸再次重复了口头指令，并同时做出用手指向杯子的动作，作为手势提示。詹姆斯还是没有回应，所以爸爸用肢体引导他拿起杯子，然后把杯子递给自己。接着，爸爸通过倒牛奶给詹姆斯来奖励他。

> 如果您已经使用了支持度较高的提示，孩子仍难以遵循指令，请和您的教练一起回顾第 8 章“管理孩子的问题行为”。

图 5.3　提示理解沟通

詹姆斯的爸爸给出一个清晰的指令（“把你的杯子给我”），并配合使用视觉提示（指着杯子），以此提高詹姆斯遵循指令的能力。

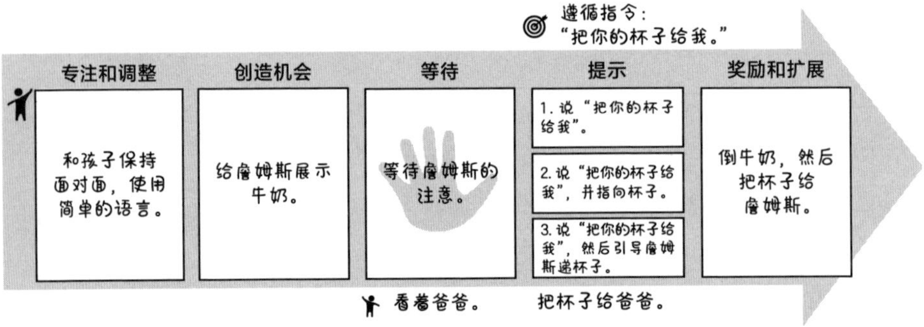

序列图 5.3

在下一页的“在家试试看！”表格中，您可以找到更多关于**提示理解沟通**的想法。本章末尾的第二张表单是一份练习计划表。它将帮助您使用**教授新技能**中的任何或全部技术（**提示主动沟通**、**提示理解沟通**、**提示模仿**和**提示扩展游戏**）。您的教练将协助您完成练习计划表的上半部分，并向您展示在家里练习后如何完成下半部分。

在家试试看！提示理解沟通

如果孩子……	您可以……
	玩具游戏
正在开玩具车	• 给他一个人偶并让他“放进去”，同时指着玩具车。当他回应后，请务必回到游戏中**跟随孩子的引导**。 • 在游戏中教孩子新的语言概念（颜色、形状、大小或数字等），例如：“拿红色的车”或“给我两辆车”。
正在玩需要准备或有多个步骤的活动（例如，水球或手工）	• 在活动中向孩子发出指令。例如，要做水球时，让他“拿个气球，把气球套上去，打开水龙头”，使用手势动作和示范来帮助他理解步骤。让孩子先尝试，如果有困难，您再提供帮助。
	吃饭／点心时间
在帮忙准备正餐或点心	• 根据需要，让孩子拿取物品。例如，拿起果汁盒并指着孩子的杯子说“把你的杯子给我”。准备好需要用上的物品会很有帮助。 • 当孩子在帮您做他非常喜欢的点心时，发出指令让他遵循，例如：“倒牛奶，挤巧克力酱，搅拌”。
	穿衣服
正在穿衣服	• 发出指令让他遵循，例如“拿衣服”或“把鞋穿上”。如果所需的衣服物品都容易拿到，会很有帮助。当孩子很想穿好衣服的时候（例如，他必须穿好鞋才能去外面玩），这样做的效果最好。
	洗澡时间
准备洗澡	• 给孩子指令，让他帮忙准备洗澡：“拿你的毛巾，拿肥皂，把水龙头打开”。
正在洗澡	• 通过让孩子指出让您清洗的具体身体部位，教孩子身体部位的名称，例如：“把你的脚给我……把你的手给我……”。

（续表）

如果孩子……	您可以……
	家务
在帮忙洗衣服	• 给孩子包含一个步骤（“拿洗衣粉”）或两个步骤（“拿洗衣粉，然后倒进去”）的指令。
在帮忙布置餐桌	• 通过发出指令来教孩子空间（“上面”“下面”“旁边”）或时间（“首先”“然后”“最后”）概念，例如：“把盘子放在桌子上”“把叉子放在桌子上”“把纸巾放在叉子下”或“先放餐垫，然后拿盘子”。

提示模仿

另一种使用**提示和奖励**的方法是，在游戏中教孩子模仿您的行为和手势动作。这可以帮助孩子建立和您的联结并通过模仿学习新的游戏方式。可以通过多种不同的、有创意的方式使用的玩具，最适合用于教孩子进行模仿。拥有两个相同或相似的玩具也会有帮助，这样您和孩子就可以同时相互模仿。您可以通过**提示模仿**：

- 培养孩子的模仿技能；
- 教孩子新的游戏玩法；
- 教孩子使用新的手势动作。

为了教孩子模仿，请让孩子投入来回式的“社交游戏”中，也就是您和孩子在游戏中轮流模仿彼此。先通过模仿孩子开启互动。当轮到您的时候，使用**游戏性干扰**或**均衡轮流**来创造机会，帮助孩子注意到您。一旦获得孩子的注意后，提示他模仿您。当孩子开始模仿您后，用表扬来奖励他，然后让孩子用他喜欢的方式做游戏。即使孩子需要您用肢体引导提示他模仿，也要奖励他，并重新模仿他。

- 一旦孩子参与互动，就示范一个和他的游戏有关的游戏动作或手势。动作可以是好笑或好玩的，只要对孩子来说是有趣的即可。
- 表 5.4 和表 5.5 提供了您可以示范的游戏动作和手势的例子。
- 当您在示范行为时，使用简单的语言描述您正在做的事情。例如，如果您正在示范拍球，请说“拍拍”；如果您在示范推车，说“呜呜（汽车引擎声）”。这有助于孩子注意您的示范。
- 一旦您示范了一个新的动作，请等待，让孩子有机会自发地模仿您的动作。
- 如果孩子在约五秒后没有模仿您，请再次示范

动动脑

您可以用孩子最喜欢的玩具示范什么游戏动作?

> **动动脑**
> 您可以示范哪些与孩子的游戏相关的手势动作？

同样的动作并配合相同的简单语言，以增加支持度。您可以这样做两次。不过，记得三次提示原则：如果孩子在第二次示范后还是没有模仿您的动作，请使用肢体提示引导他这样做。

- 表 5.6 描述了两种**提示模仿**的类型：示范和肢体引导。您的教练可以帮助您决定使用肢体引导前最佳的示范次数。
- 在互动中，您将进行大部分的模仿，孩子通常只会在大约三分之一的时间里模仿您。

表 5.4　可以示范的新游戏动作

当孩子……	您可以……	说……
在轨道上推火车	• 让两辆火车撞在一起。 • 推火车穿过桥下。 • 放一只牛在火车上。	• “撞！” • “火车从下面过。” • “牛在火车上。”
在滚动小球	• 拍球。 • 踢球。 • 把球扔进篮子。	• “拍。” • “踢球。” • “球进篮子里了。”
在玩沙子	• 把沙子倒进杯子里。 • 把一个人偶藏在沙子里。 • 用铲子挖沙子。	• “沙子进去了。” • “他去哪儿了？” • “挖一个大洞。”
用彩笔画画	• 很快和很慢地画。 • 用一种新的颜色。 • 画一张脸。	• “快……慢。” • “红色。” • “这是一张开心的脸。”

表 5.5　可以示范的新的手势动作

当孩子……	您可以……	说……
在玩玩具食物	• 拍一拍您的肚子。 • 擦一擦您的嘴巴。 • 吹一下食物。	• “好吃！” • “擦嘴。” • “好烫。”

（续表）

当孩子……	您可以……	说……
在玩娃娃	• 给一个飞吻。 • 把手指放在嘴唇上。 • 把双手合在一起放在脸旁。	• “飞吻。” • “嘘！娃娃在睡觉。” • “娃娃累了。”
在玩玩具狗	• 用手指做出在桌子上走路的动作。 • 摇动食指，仿佛在管教狗。 • 手掌向上，耸肩膀。	• “狗狗在走路。” • “狗狗，不可以！” • “狗狗在哪里？”
在玩积木	• 拍手。 • 垂直地将两手分开。 • 拍击双手。	• “耶！你搭了一座塔。” • “它好高哦！” • “撞在一起了。”

表 5.6 “提示模仿”的类型

提示类型	描述	例子
示范动作供孩子模仿	用玩具或手势示范一个和孩子游戏有关的新的游戏动作。如果孩子没有模仿您，再次示范这个动作。	• 在和孩子来回滚球后，示范拍球并说“拍拍”。 • 在搭一座积木塔后，示范拍手并说“耶！”，然后等待孩子模仿。
使用肢体引导	如果孩子在第二次示范提示后没有模仿，用肢体引导他完成动作。	• 用肢体引导孩子拍球，并说“拍拍”。 • 用肢体引导孩子拍手，然后说“耶！”。

在图 5.4 中，乔丹的妈妈教乔丹用一件物品模仿游戏动作。乔丹在用上下摇晃的方式玩弹簧玩具。序列图 5.4 列出了乔丹的妈妈教乔丹用物品模仿游戏动作的步骤。妈妈和乔丹面对面地坐着，然后用另一个弹簧玩具

模仿乔丹的游戏。几分钟后，妈妈吸引了乔丹的注意，她说“球进去”，然后示范把球放进弹簧玩具里。她等待乔丹模仿她。乔丹没有模仿，于是妈妈再次示范动作、描述动作并等待。乔丹还是没有回应，妈妈又再次示范动作。乔丹依然没有回应，所以妈妈使用肢体引导提示乔丹模仿她。在乔丹完成模仿后，妈妈奖励他，并模仿更多他的游戏。

如果孩子在模仿上遇到困难，请模仿孩子玩玩具的动作，即使这些动作不同寻常。例如，如果孩子仅用旋转车轮或排列的方式玩小汽车，那么当孩子在排列小汽车时，您可以示范旋转车轮。

图 5.4 提示模仿

乔丹的妈妈通过示范新的游戏方式与描述游戏（“球进去”）提示乔丹用物品模仿新的游戏动作。

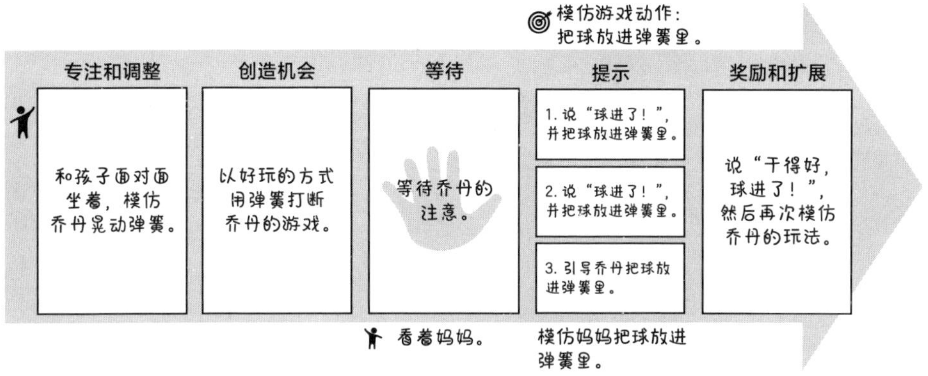

序列图 5.4

序列图 5.5 列出了乔丹的妈妈教乔丹在游戏中模仿一个手势动作的步骤。妈妈说“球进了”，接着示范手势动作（指着弹簧玩具内部），然后把球放进去。乔丹在两次示范后没有回应，于是妈妈使用肢体引导提示他指着弹簧玩具内部。注意，乔丹的妈妈一次只提示一种技能，并着重让乔丹模仿她的手势而不是游戏动作。

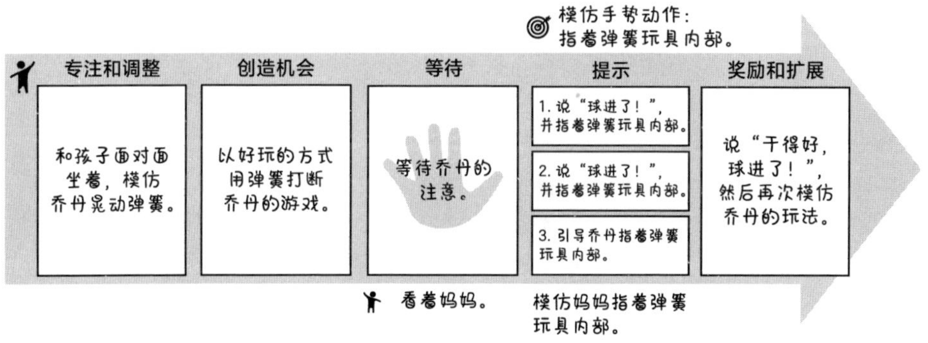

序列图 5.5

在下一页的“在家试试看！”表格中，您可以找到更多关于**提示模仿**的想法。本章末尾的第二张表单是一份练习计划表，它将帮助您使用**教授新技能**中的任何或全部技术（**提示主动沟通**、**提示理解沟通**、**提示模仿**和**提示扩展游戏**）。您的教练将协助您完成练习计划表的上半部分，并向您展示在家练习后如何完成下半部分。

在家试试看！提示模仿

如果孩子……	您可以……
	唱歌／社交游戏
正在唱歌或听您唱歌	• 使用适合歌曲的手势和动作。然后加入新的动作，并引导孩子模仿新的动作。例如，如果您正在唱《巴士上的轮子》，您可以加入一个新的动作，比如：前后摆动手臂，假装是巴士的雨刷；把手张开又合上，假装是巴士的门；或指向上方和下方，形容上下巴士的人。
正在玩鼓、沙槌或钢琴等乐器	• 模仿他使用乐器的方式，接着示范新的方式并引导他模仿您。
	玩具游戏
在假装喂娃娃或其他人偶	• 模仿孩子喂娃娃，然后假装帮娃娃洗脸。引导孩子模仿新的动作。
正在玩小汽车	• 模仿孩子将车子推下坡道，然后撞到车子。接着示范一个新的游戏动作（例如，修理车子），然后引导孩子模仿您。
	动态游戏
来回地跑或漫无目的地游荡	• 模仿孩子的行为并来回地跑。接着，示范一个新的动作，比如跳、正步走、旋转或跌倒，然后引导他模仿您。当你们在散步或在公园时，这项活动的效果很好。
正在看着某个东西	• 指着那个东西说："看那个！" • 看着鸟的时候，摆动您的双臂，然后说："鸟在飞。" • 把手圈起来，放在耳朵旁问："那是什么声音？"

（续表）

如果孩子……	您可以……
	故事时间
正在看书	• 用夸张的手势动作，演出书本页面的内容。 • 如果有一张鸟的图片，假装您是只鸟（像摆动翅膀一样摆动您的手臂，然后说“唧唧”）。帮助孩子模仿这个新动作。 • 如果有一张食物的图片，假装您要吃图片里的东西。帮助孩子模仿这个新动作。
	吃饭 / 点心时间
正在吃点心	• 在孩子吃东西的同时，模仿他吃东西。接着示范一个新动作，比如在吃下一口前用纸巾擦嘴，然后引导他模仿您。

提示扩展游戏

提示和奖励也可以用于教授新的游戏技能。到目前为止，您已经学习了如何教孩子模仿新的游戏动作和手势。您也可以通过语言提示引导孩子在游戏中遵循您的指令和建议，从而扩展孩子的游戏技能。对已经有较好的游戏和语言技能的孩子来说，**提示扩展游戏**通常更容易成功。所以，如果孩子在回应口头指令上有困难，您应该使用**提示模仿**来帮助孩子扩展游戏技能。

动动脑

您可以提示孩子使用什么新的游戏技能？

通过**提示扩展游戏**，您可以：

- 增加孩子玩喜欢的玩具时的玩法数量；
- 教孩子玩新的玩具；
- 教孩子使用更复杂的游戏方式。

和之前一样，先通过专注于孩子和调整沟通方式加入孩子的游戏。然后，使用**创造机会**的技术吸引孩子的注意。接下来，提示孩子使用一个新的或比他会用的技能复杂一些的游戏技能。在孩子使用新的游戏技能后，通过表扬和让孩子用自己想要的方式玩来奖励他。

要想出游戏的新方法可能具有挑战性！在没有和孩子互动的时候，试着思考一下，如何用不同的方式玩孩子喜欢的玩具。

- 等待孩子开始游戏，然后提示他使用一个和在做的事情相关，并且是新的或略微复杂一些的游戏技能。使用孩子正在玩的玩具，或在新的活动中使用他的玩具。
- 使用表 5.7 以及您为孩子制定的目标来思考要提示什么样的游戏技能。
- 表 5.8 描述了支持程度不同的**提示扩展游戏**，从最低支持度到最高支持度。
- 从孩子做出正确回应所需的支持度最低的提

动动脑

您可以使用哪三个提示帮助孩子使用新的游戏技能？

示开始。

- 记住三次提示原则：在需要的时候增加支持度以帮助孩子获得成功。您的教练可以帮助您决定最好从哪个游戏提示开始。
- 确保提示新的游戏技能只占约三分之一的互动时间，然后继续**跟随孩子的引导**。

注意孩子的语言技能，因为有些游戏提示（例如，给口头指令），是以孩子理解语言的能力为基础的。

表 5.7 可选择的游戏技能提示类型

当孩子……	您可以……	例子
探索玩具和物品	提示他把玩具放在一起。	• 把弹珠放在罐子里。 • 把形状放入形状嵌板里。 • 叠圈圈。
把玩具和物品放在一起	提示他启动玩具。	• 按下弹出式玩具的按钮。 • 按下音效玩具的按钮。 • 转动玩偶匣（jack-in-the-box）的把手。
理解他对玩具的动作会产生哪些结果	提示他用有意义的方式使用物品。	• 放一个人偶在玩具车里。 • 在轨道上推火车。 • 切玩具食物。
玩迷你玩具	提示他进行假装游戏。	• 假装玩具火炉很烫。 • 假装给娃娃洗澡。 • 假装娃娃受伤了。
用玩具和其他物品进行假装游戏	提示他用玩具说故事。	• 假装娃娃生病，然后带它去看医生。 • 假装人偶早上正在准备去上学。
假装自己是不同的角色	提示他演一个故事。	• 假装您是学生，而孩子是老师。 • 假装玩具车坏掉了，而您和孩子都是技工。

表 5.8 “提示扩展游戏”的类型

提示类型	描述	例子
引导式评论	通过评论的方式提示孩子下一步要怎么做，或您希望如何参与。搭配手势动作引导孩子做出回应。	• 当孩子正在重复地给娃娃穿衣服和脱衣服时，给孩子展示一些食物，然后说“娃娃看起来饿了”，从而帮助他喂娃娃。 • 当孩子用转圈的方式开车时，说“噢不，车子坏了！”，从而帮助他修理车子。 • 当您正在玩娃娃屋时，说“噢不，着火了！”，并给孩子展示水管，从而帮助他假装自己是消防员，然后用水管救火。
提问法	问孩子问题，以提示他使用新的方式玩玩具。孩子应该通过展示答案来回应您。	• 当孩子来回推车子时，问他“车子接下来该去哪里？”，从而帮助他把车开到新的地方。 • 当孩子把动物摆好在桌子周围时，问他“现在动物该做什么？”，从而帮助他喂动物。 • 当你们正在玩玩具食物时，问他“厨师，晚餐吃什么？”，从而帮助他假装自己是厨师。
提供选择	给孩子提供两种玩玩具的新方法，从而帮助他扩展游戏。	• 当孩子拿着玩具食物时，问他“我们要煮东西还是吃东西？”，从而帮助他用新的方式使用玩具食物。 • 当孩子在来回推火车时，问他“你想要开进车站还是穿过隧道？”，从而帮助他把火车开到新的地方。 • 当你们正在玩宠物店玩具时，拿着小狗对孩子说“小猫咪，我们应该吃午餐还是去睡觉？”，从而帮助他假装自己是猫。

（续表）

提示类型	描述	例子
使用口头指令	告诉孩子还可以如何用他正在玩的玩具做其他事情。确保**跟随孩子的引导**，并且给他与所选的活动有关的游戏指令。	• 当孩子正在推车时，递给他一个人偶并说“把人放进车里”，从而帮助他把玩具组合在一起。 • 当孩子在滚球时，放一个桶在他面前，说“做一个篮筐”，从而帮助他用球做一些新的事情。
示范动作供孩子模仿	示范一个新的动作，让孩子模仿。	• 当孩子在滚球时，示范踢球，从而帮助孩子踢球。 • 当孩子在玩橡皮泥时，示范做一条蛇或一个球，从而帮助他用橡皮泥做新的东西。
使用肢体引导	用肢体引导孩子模仿游戏动作或遵循口头指令。	• 帮助孩子把球放进篮筐里。 • 帮助孩子把人偶放进车里。

在图 5.5 中，蒂娜正在玩娃娃。蒂娜的妈妈在教她玩假装游戏。序列图 5.6 列出了妈妈教蒂娜玩假装游戏时所使用的步骤。当轮到妈妈时，她玩了一下娃娃。当蒂娜看着她时，妈妈使用引导式评论提示蒂娜用积木喂娃娃。当蒂娜没有回应时，妈妈通过重复评论和提问的方式给她提供支持度更高的提示。蒂娜还是没有回应，于是妈妈通过给她展示积木和给予口头指令来提供更多的支持。随后，蒂娜用积木喂娃娃，以此作为回应。妈妈表扬了她，然后让她用她想要的方式继续玩娃娃。

图 5.5　提示扩展游戏

蒂娜的妈妈使用口头指令（“宝宝饿了，给宝宝吃点东西。”）来增加蒂娜游戏的复杂度。

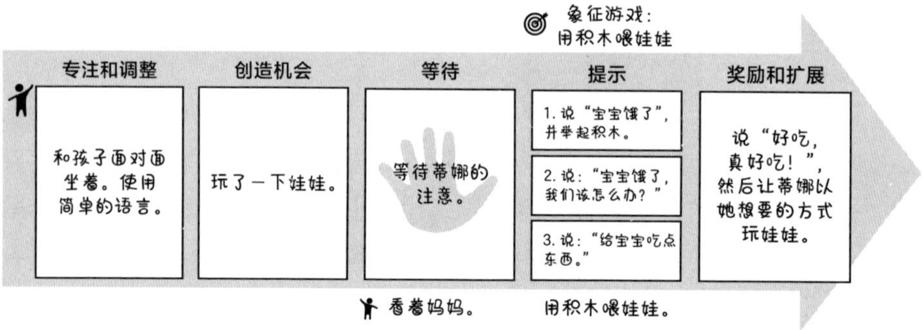

序列图 5.6

在下一页的“在家试试看！”表格中，您可以找到更多关于**提示扩展游戏**的想法。本章末尾的第二张表单是一份练习计划表，它将帮助您使用**教授新技能**中的任何或全部技术（**提示主动沟通**、**提示理解沟通**、**提示模仿**和**提示扩展游戏**）。您的教练将协助您完成练习计划表的上半部分，并向您展示在家里练习后如何完成下半部分。

在家试试看！提示扩展游戏

如果孩子……	您可以……
	玩具游戏
正在玩小汽车	• 拿起一个人偶，用提示引导孩子将人偶放进车里。 • 用积木搭一座塔，然后用您的车把塔撞倒。提示孩子搭一座塔，并用他的车把塔撞倒。 • 拿起一辆玩具车，说“这辆车很脏！”。给孩子提供更多的支持，直到孩子用新的动作假装洗车。 • 引导孩子建立一个共享的游戏主题，让您和孩子都有假扮的角色，例如：假装自己是交通警察，正在指挥交通。
正在玩玩具动物	• 帮助孩子扮演动物的角色。例如，如果您正在玩玩具狗，请引导孩子用四肢爬行和像狗一样叫来假装自己是狗。 • 拿起假装是食物的玩具，然后帮助孩子做喂狗的新动作。 • 假装您是宠物主人，帮助孩子假扮成在帮宠物检查的兽医。
	动态游戏
正在荡秋千	• 外出时带一个毛绒玩具或娃娃，引导孩子和它轮流玩耍。
正在玩球	• 轮流和示范使用球的新动作，比如踢球、将球扔进容器里、滚球或扔球。
	吃饭 / 点心时间
正在吃点心	• 拿一个毛绒动物、手偶或娃娃，把它放到桌上。帮助孩子假装喂它吃东西、帮它洗脸或让它清理桌子。
喜欢需要准备的食物	• 让他帮您测量、搅拌、混合或摇晃配料。这个顺序非常适合之后用玩具来展现！

（续表）

如果孩子……	您可以……
	洗澡时间
正在洗澡	• 带上新的玩具，比如水车、杯子、容器、会漂浮的橡胶玩具、发条玩具或浴室蜡笔。帮助孩子以功能性或假装游戏的方式玩玩具。 • 给孩子的游戏增加一个步骤。例如，如果他喜欢倒水，就帮助他将水倒在物品上，然后假装冲洗它。

练习计划表——提示和奖励

日期：__________

计划	
目标： 活动：	可能有什么困难： 可能的解决方法：

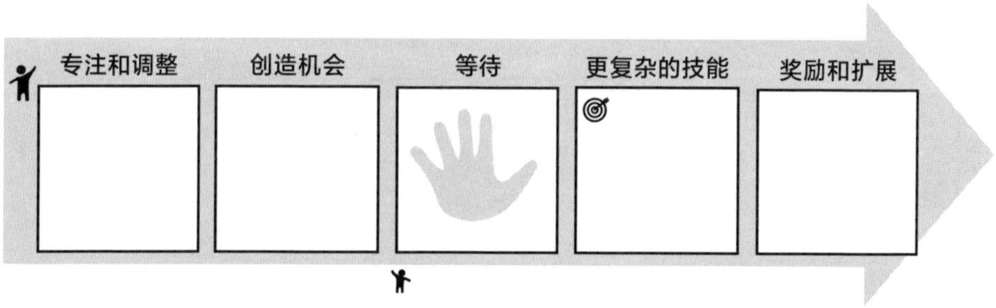

反思	
哪些部分进展顺利？ 哪些部分遇到困难？	可能的解决方法：

练习计划表——教授新技能

日期：__________

计划	
目标： 活动：	可能有什么困难： 可能的解决方法：

专注和调整	创造机会	等待	提示	奖励和扩展
			1. 2. 3.	

反思	
哪些部分进展顺利？ 哪些部分遇到困难？	可能的解决方法：

第 6 章

塑造互动

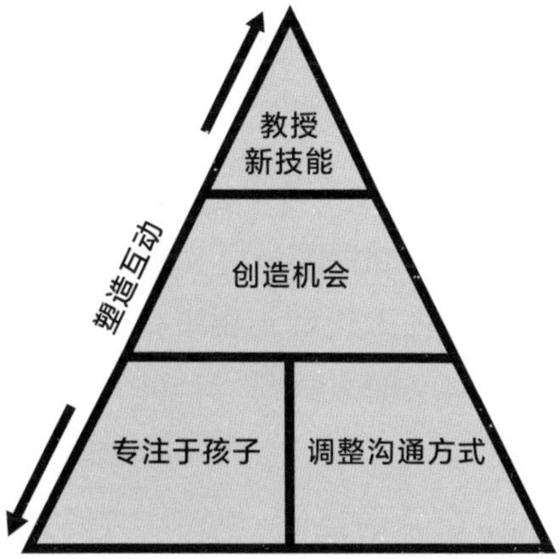

整合使用 ImPACT 计划的各项技术，提高孩子的社交沟通技能

塑造互动

- ❖ 在 F.A.C.T.S. 金字塔中上下移动，让孩子保持参与和学习
- ❖ 根据孩子的动机、心情和活动选择策略

在社区中应用 ImPACT 计划

- ❖ 带上孩子喜欢的物品
- ❖ 创造许多简短的学习机会

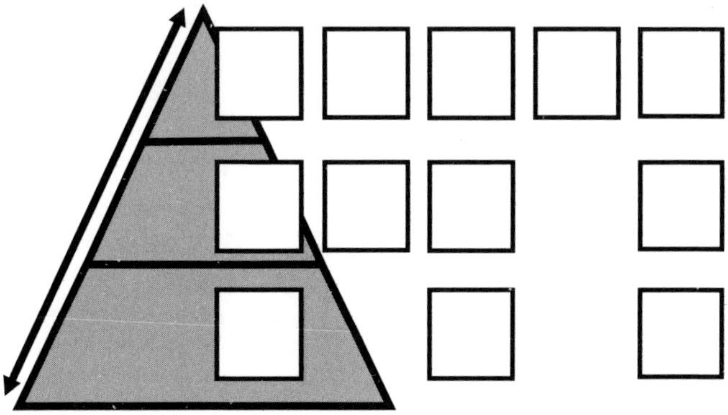

译者注：读者可将前文介绍的策略及其所对应的分解步骤（参见各章的序列图）填写在此空白金字塔图中。填写完后，将得到完整的序列图。

塑造互动是 ImPACT 计划的最后一部分，通过策略的整合使用提高孩子的社交沟通技能。它是 ImPACT 计划五大策略 F.A.C.T.S. 中的“S”(Shape the Interaction)。*塑造互动*的基本技能的目标是，让孩子在学习新技能时保持对互动的参与并获得乐趣。如果您还没有准备好，您也可以从*在社区中应用 ImPACT 计划*开始。

请记住，F.A.C.T.S. 永远始于**专注于孩子**和**调整沟通方式**，因为这些策略帮助孩子与您互动并参与活动。如果孩子没有主动互动，或者您需要吸引他的注意，请沿着金字塔往上移动到**创造机会**的部分，然后等待。一旦孩子回应，您就可以用有意义的方式回应他的行为，或者继续往上移动到金字塔的**教授新技能**的部分。请注意，有时您需要马上回应孩子的行为，有时您需要提示他使用一个新的技能。您所选择的策略会与孩子的技能、动机、情绪以及活动相关。

塑造互动

学习如何对孩子使用*塑造互动*，让他能在学习新技能的同时参与互动并获得乐趣。您可以根据孩子的回应，决定使用 ImPACT 计划的哪项策略。这是一种微妙的平衡，做得正确的时候，会像跳舞一样节奏恰到好处。

在 F. A. C. T. S. 金字塔中上下移动，让孩子保持参与和学习

图 6.1 可以帮助您思考使用不同策略以*塑造互动*的频率，以及这样做的目的。

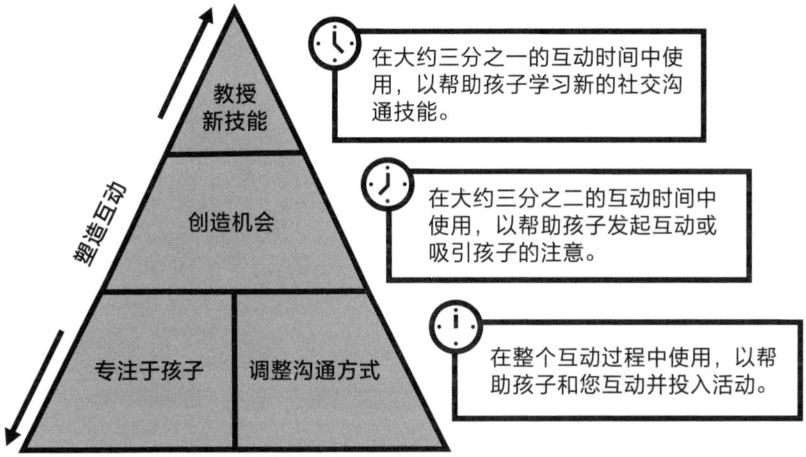

图 6.1 针对使用不同 F.A.C.T.S. 策略的频率和目的的指南

- 从金字塔底层的技术——**专注于孩子**和**调整沟通方式**——开始，帮助孩子和您互动并投入活动。大部分时间都使用这两组技术和孩子互动。
- 如果孩子对金字塔底层的技术没有回应，或者您想教授新技能，请往金字塔的上方移动并使用**创造机会**的技术，以鼓励孩子发起互动或吸引他的注意力。您会花约三分之二的时间回应孩子主动发起的互动。
- 在大约三分之一的时间中，您会沿着金字塔往上移动至**教授新技能**。
- 当您往金字塔上方移动时，如果孩子失去兴趣或感到挫败，请回到金字塔底层，让孩子重新参与互动。记住，在教孩子新技能时，***塑造互动***可以让活动保持有趣和好玩。

> 如果您在 F.A.C.T.S. 金字塔顶层花了太多时间，孩子会感到挫败。如果您在金字塔底层花了太多时间，对孩子来说挑战性又会不够。

根据孩子的动机、心情和活动选择策略

通常，您会希望整合使用干预策略以提高孩子的社交沟通技能，但有的时候，使用某些策略会比使用其他策略要好。这取决于孩子的动机和心情，以及活动的具体内容。借助图 6.2 来决定使用哪些策略。问问自己下列问题。

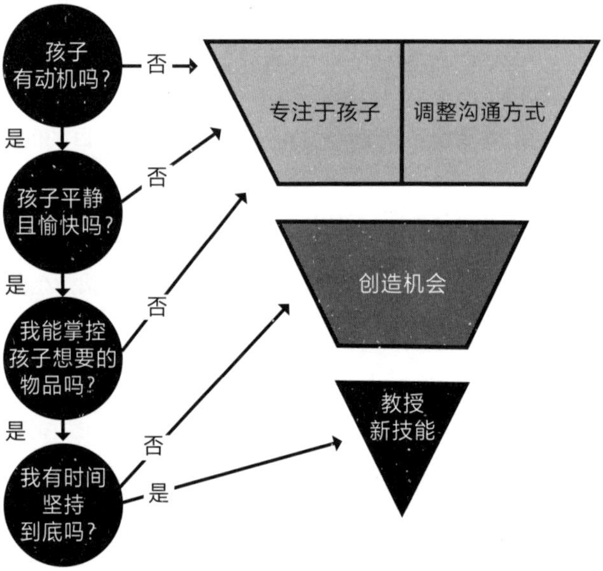

图 6.2　如何根据孩子的动机、心情和活动选择策略

- **孩子有动机吗？** 当孩子对某件物品或活动很有兴趣（例如，吃喜欢的点心或玩喜欢的玩具）时，他更有可能会努力地去得到它。
  - ✧ 当他有动机时，试试**创造机会**或**教授新技能**。
  - ✧ 如果孩子对物品或活动没有兴趣（例如，穿衣服或收玩具），试试**专注于孩子**和**调整沟通方式**。
- **孩子平静且愉快吗？** 如果孩子是平静而愉快的，他可能会对更多技术有更好的回应。
  - ✧ 当孩子心情不错时，试试**创造机会**或**教授新技能**。

> **动动脑**
> 哪些日常活动最适合用于**专注于孩子**和**调整沟通方式**？

　　✧ 当孩子感到挫败、疲劳或难过时，如果您打断他的游戏或要求他展示新技能，他可能会发脾气。在这些时候，您可以使用**专注于孩子**和**调整沟通方式**。

- **我能掌控孩子想要的物品吗？**对于特定的策略，有些活动可能会比其他活动效果更好。

　　✧ 如果您能控制孩子是否可以获得喜欢的物品或活动，您可以试试**创造机会**和**教授新技能**。例如，您可以在孩子吃点心的时候使用小份的点心，以此回应他主动发起的互动或提示孩子使用新的技能。

　　✧ 如果您不能控制孩子是否可以获得物品或听从您的指令，请使用**专注于孩子**和**调整沟通方式**。例如，如果您控制物品的取得权，孩子就会发脾气，而您不希望如此，那么请试试使用**跟随孩子的引导**、**模仿孩子**、**夸张化**或**示范和扩展沟通**。

- **我有时间坚持到底吗？**当您教授新技能时，确保您有足够的时间帮助孩子完成您要求的事情。

> **动动脑**
> 哪些日常活动最适合用于**教授新技能**？

　　✧ 如果您有时间坚持到底，直到完成提示或指令，这会是使用**教授新技能**的最佳时机。

　　✧ 如果您没有时间坚持到底（例如，您急着要离开家），这时比较适合使用**专注于孩子**、**调整沟通方式**和**创造机会**等技术。

一旦您开始自如地使用 ImPACT 计划的策略后，您就可以在孩子的整个生活中应用这些策略。创造一个学习机会只需要一点点时间。在一天中，您有很多机会帮助孩子提高他的社交沟通技能。和您的教练一起选择对您的家庭而言整合每一项策略的最佳时间。您可能会发现，不同的技术在不同的活动中有更好的效果。

在图 6.3 中，在给杰尔姆穿衣服时，妈妈通过给衣服命名来调整她的沟通方式。图 6.4 展示了她如何聚焦于在不同活动中教杰尔姆使用单个词语。早上，当妈妈帮杰尔姆穿衣服（一个他不喜欢的活动）时，妈妈通过用单个词语给每件衣物命名来调整她的沟通方式。在吃点心（一个杰尔姆喜欢的活动）时，妈妈提示他使用单个词语表达需求。杰尔姆喜欢看着妈妈把洗碗机里的东西拿出来，但妈妈通常需要很快地完成这件事，所以她给每一个拿出来的物品命名。杰尔姆喜欢去外面和玩水，所以在去外面和洗澡时，妈妈会提示杰尔姆用单个词语表达需求。在睡觉时间，她会给杰尔姆唱摇篮曲。她开始不唱出杰尔姆最喜欢的歌的最后一个字，鼓励他来补全。请留意杰尔姆的妈妈如何在杰尔姆不喜欢的活动中和时间匆忙的时候，选择使用金字塔底层的策略，并在杰尔姆喜欢的活动中使用**教授新技能**。

图 6.3 塑造互动

杰尔姆的妈妈在帮杰尔姆穿衣服时使用“调整沟通方式”来给衣物命名。

活动：穿衣服	活动：吃点心	活动：洗碗
帮杰尔姆 穿衣服时， 给他的衣物命名。	帮杰尔姆打开 点心包装袋前， 提示他说“帮忙”。	把洗碗机里的 东西拿出来时， 给餐具命名。
活动：去外面	**活动：洗澡**	**活动：睡觉**
开门前， 提示杰尔姆 说“开”。	打开水龙头前， 提示杰尔姆说“开”。	唱杰尔姆熟悉的 摇篮曲时，留下 每句歌词的结尾， 让他补上。

图 6.4　杰尔姆的妈妈如何练习“塑造互动”，以帮助杰尔姆在不同活动中使用单个词语

本章末尾的第一张表单是一份练习计划表，它将帮助您使用**塑造互动**（包括基本的***塑造互动***方法和接下来您将学习的***在社区中应用 ImPACT 计划***）。您的教练将协助您完成练习计划表的上半部分，并向您展示在家里练习后如何完成下半部分。

在社区中应用 ImPACT 计划

有时候，当您和孩子在社区里玩和互动时，您可以应用 ImPACT 计划的策略。这些策略可以帮助孩子在社区活动中保持参与，也可以减少他无聊和挫败的感受。在社区里进行练习，有助于孩子在新的环境里对更多人使用社交沟通技能。使用“社区活动时间表（Community Activity Schedule）”（本章末尾的第二张表单）来帮助您和您的教练确定在社区活动里应用这些策略的最佳时间。有一些提示可以帮助您成功地***在社区中应用 ImPACT 计划***。

带上孩子喜欢的物品

在社区活动中看到熟悉的玩具和材料，有助于孩子和您互动并遵循指令。

> **动动脑**
>
> 孩子喜欢的哪些物品是您可以随身携带，以便让孩子在社区活动中参与互动的？

- 在外出时带上孩子熟悉和喜欢的玩具，帮助孩子在不同环境中使用新技能。例如，在医生诊室外等待时，带上孩子喜欢的书，和他一起阅读。
- 当孩子在社区环境中遵循您的指令后，您也可以把孩子喜欢的玩具或物品当作奖励。例如，在孩子听从您的指令从泳池里出来后，让孩子玩他喜欢的消防车。

创造许多简短的学习机会

当您外出在社区时，请通过 ImPACT 计划的策略创造小的、有意义的学习机会。这些简短的学习机会将会随着时间逐渐累积，鼓励孩子发展社交沟通技能。

> **动动脑**
>
> 有哪些好的社区活动适合使用 ImPACT 计划的策略？

> **动动脑**
>
> 在这些活动中，您如何使用这些策略来实现为孩子制定的目标？

- 尝试在许多不同的地方为孩子创造简短的学习机会。这将帮助他更经常、与更多人以及在更多环境中使用他的技能。例如，在等公交车时，模仿孩子的声音和肢体动作；当你们在孩子喜欢的餐厅里吃饭时，给孩子一小口他喜欢的食物，并让他向您要更多的食物。
- 使用这些策略并不需要很密集或很长的时间。例如，在上车时，打开车门前提示孩子说“打开”，然后继续你们外出时的活动。
- 同样，您选择的策略应该根据孩子的动机和情绪以及你们所在的环境而定。请记住，**专注于孩子**和**调整沟通方式**的技术几乎适合您与孩子的所有互动。

在社区中使用**创造机会**和**教授新技能**则会更有挑战性。

- 如果有些活动对孩子来说特别困难，您可以和教练一起讨论，想一想在这些特定的时间可以改善互动的方法。

> 有些家长觉得在熟悉的环境中，或在环境没有那么拥挤或繁忙的时候练习社区活动会有帮助。

图 6.5 展示了一位爸爸如何聚焦于在不同的社区环境中帮助女儿达成用手指物的目标。请留意梅的爸爸如何选择在孩子有动机和他能掌控孩子想要的东西时，在图书馆、公园、泳池和汽车里教梅使用新技能。在商店和散步时，他无法轻易掌控孩子想要的东西，于是他使用了金字塔底层的策略。

活动：去商店	活动：去图书馆	活动：去散步
一边将商品放入购物车，一边用手指着商品并给它命名。	提示梅用手指着她想让爸爸给她读的书。	一边走路，一边指向梅看到的东西并给它命名。
活动：去公园	**活动：去泳池**	**活动：坐车**
在把梅抱上秋千之前，提示她用手指向秋千。	在让梅下水之前，提示她用手指向水。	在替梅解开座位上的安全带之前，提示她用手指向安全带。

图 6.5　梅的爸爸如何练习“在社区中应用 ImPACT 计划”，以帮助梅在不同生活场景下学会用手指物

在下一页的“在家试试看！”表格中，您可以找到关于如何**在社区中应用 ImPACT 计划**的建议。您可以使用针对**塑造互动**的练习计划表（本章末尾的第一张表单），练习基本的**塑造互动**方法和**在社区中应用 ImPACT 计划**。同样，您的教练将协助您完成练习计划表的上半部分，并向您展示在社区练习后如何完成下半部分。

在家试试看！在社区中应用 ImPACT 计划

如果孩子……	您可以……
在食品杂货店	• 尝试把孩子抱上购物车，这样您可以和他面对面。 • 一边把商品放入购物车，一边给它们命名。您可以描述商品的外观、给人的感觉和味道。 • 拿起两个相似的商品，让孩子选择把哪一个放入购物车。例如，给他看两盒麦片，让他用手势或语言选择他更喜欢的一盒。 • 如果孩子喜欢坐在购物车里被大人推着走，停止推购物车，等待他让您继续推。 • 询问孩子想要您推快一点还是慢一点。 • 根据您要买的东西，给孩子指令，让他遵循。例如，当您在选购水果时，您可以举起一个苹果和一根香蕉，然后说："拿香蕉。" • 通过让孩子根据物品的颜色、形状、大小或数量，将物品挑出来，从而教他新的语言概念。例如："拿三个苹果"或"找黄色的铅笔"。 • 给孩子多种零食的选项，问他想要哪种，从而教他表达对物品的需求。记得在提示语言前使用**创造机会**的技术。
在公园	• 指出公园里有意思的东西。 • 如果孩子在沙坑里玩沙子，坐在他旁边一起玩，或者把沙子放在他的手指上。 • 提示孩子告诉您他想在公园里玩什么。在提示他之前，记得使用**游戏性干扰**（抓住他）或**诱发沟通**（握住秋千），以吸引他的注意。 • 如果孩子喜欢荡秋千，推他一把，然后停下。提示他让您再次推他。 • 如果孩子喜欢滑滑梯，您可以和他轮流滑滑梯。

（续表）

如果孩子……	您可以……
在散步	• 谈论你们看到和听到的东西。你们可以一起数花或者房子，找某一种颜色的东西，或谈论东西的形状。 • 在散步时捡一块有趣的石头或叶子，给孩子看，等待并观察他是否会向您要。 • 走到十字路口时，提示孩子选择他想走哪条路。他可以用手势或语言表达他的选择。 • 如果孩子坐在婴儿车里，停止推婴儿车，等待他让您继续推。 • 在走路时玩一个走走停停的游戏，例如，说“走”并走几步，然后说“停”，帮助孩子停下来。如果孩子感兴趣，让他来说“停”和“走”。 • 和孩子轮流以不同的方式走路，例如蹦着走、跳着走、跑步或踮起脚走路。轮到您时，引导孩子模仿您。
在图书馆	• 给孩子一个指令，让他去找自己喜欢的书，例如，“去找那本恐龙的书”（如果他喜欢恐龙）。 • 拿起两本书，让孩子选择您要读哪一本。 • 提示孩子提出他想借的一本喜欢的书。
和您一起坐车	• 开车时，谈论你们在窗户外看到的东西，例如：“我看到了一座水塔”“我看到了一辆自行车”。 • 谈论你们正在去哪里，例如：“我们要去商店。我们要买一些饼干和牛奶。” • 在红灯或停止的标志前停车时，描述您正在做什么，例如：“红灯意味着停下，绿灯意味着可以走。” • 播放孩子最喜欢的音乐，然后暂停，并示范您认为他想说的话，例如：说“还要音乐”，然后接着放音乐。 • 记住，当您在车里时，您不太能轻易使用**创造机会**，并在孩子不回应时坚持到底。因此，您应该使用**专注于孩子**和**调整沟通方式**，而不是**创造机会**和**教授新技能**。

练习计划表——塑造互动

日期：__________

计划

目标：

活动：

活动：

活动：

活动：

活动：

活动：

可能有什么困难：

可能的解决方法：

反思

哪些部分进展顺利？

哪些部分遇到困难？

可能的解决方法：

社区活动时间表

孩子姓名：__________ 家长姓名：__________ 日期：__________

描述至少三项您与孩子在社区中定期进行的活动或日常惯例。对于每项活动，请提供简短的说明，与孩子一起进行的频率以及可以增加多少时间。在最后一列（孩子的反应）中，指出孩子是“喜欢（A）”“忍受（B）”还是“抗拒（C）”该项日常活动。

活动	描述	多久一次?	增加多长时间?	孩子的反应

第 7 章

往前迈进

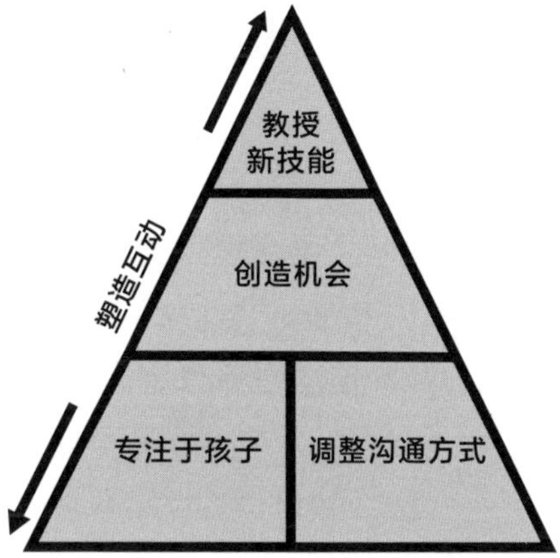

让 ImPACT 计划成为家庭生活的一部分

更新孩子的目标

- 回顾孩子的进展
- 根据需要制定新的目标

为后续成功做计划

- 肯定家人的努力和成就
- 解决应用 ImPACT 计划时持续遇到的困难
- 让其他人加入
- 明确家庭的需求

您现在应该具备了让 ImPACT 计划成为您家庭生活一部分的技能。这需要您努力学习和练习课程中的技术，并将它们整合使用。但您练习得越多，它们就会变得越容易。学习使用这些技术有点像学习开车；在开始的时候，您可能要考虑每个细节，但是随着您开得越来越多，这件事会变得自然，不需要太多思考。

现在是**更新孩子的目标**的好时机，这样您就知道下一步该朝哪个方向努力。当您往前迈进时，确保要**为后续成功做计划**。这个过程包括找到所有您需要的支持以持续使用 ImPACT 计划，从而为孩子社交沟通技能的发展提供支持。最重要的是，这还包括肯定您和孩子已经取得的成就和进步！

更新孩子的目标

现在，您需要回顾孩子在目标上的进展，并根据需要制定新的目标，这将帮助您了解下一步要做什么。

回顾孩子的进展

动动脑

孩子是否在他的目标上取得了进展？

如果孩子没有太大进展，请和您的教练讨论调整服务或增加新的服务是否有帮助。

回顾孩子在各个目标上取得的进展，评估他目前的社交沟通技能，这将有助于您了解要朝哪个方向努力。

- 看看您在 ImPACT 计划刚开始时为孩子设立的目标（使用第 1 章中的“儿童目标表”）。针对每个目标，思考孩子目前的技能水平如何。
- 使用“社交沟通检查表”（本章末尾的第一张表单）了解孩子当前的技能。将这些信息与您在 ImPACT 计划开始时填写的这份表单（见第 1 章）进行比较，以了解孩子的总体进展情况。

- 您的教练可能会对您或孩子进行其他评估，以衡量他的进展和当前的技能。

根据需要制定新的目标

如果孩子已经达到一个或多个目标，那么是时候制定新的目标了。如果孩子仍在为相同的目标努力，想想另一个或更多个不同的目标是否会更合适。

> 与您的教练讨论您为孩子制定的、尚未实现的其他社交沟通目标。

- 使用“社交沟通检查表”（本章末尾的第一张表单）设定新的目标。
- 请记住，您选择的目标应该是有意义的、对您来说很重要，并且应该可以在 3 个月内实现！“社交沟通检查表”上被标记为“有时，但不总是”会使用的技能，就是适合用来教孩子的技能。
- 往前迈进，继续每 3 ~ 4 个月回顾和更新一次孩子的目标。
- 将您选择的目标写在“练习计划表——更新孩子的目标”（本章末尾的第二张表单）上。您的教练将协助您完成练习计划表的上半部分，并向您展示在家练习后如何完成下半部分。

为后续成功做计划

现在是与您的教练讨论孩子下一步计划的好时机。

肯定家人的努力和成就

请记得要关注孩子和您自己取得的成就！

> **动动脑**
> 孩子和您自己在ImPACT计划中取得了哪些成就？

- 试着写下孩子每天做得好的事，即使是小事。可以是他的一个新的手势动作或他说的一个词，也可以是他使用的一种新的游戏技能或一个温暖您心灵的微笑。当您感到沮丧或不知所措时，这些小小的成就可以提醒您，您的孩子每天都在进步。
- 每天提醒自己为孩子做的所有事情。肯定您自己为帮助孩子发展社交沟通技能所做的努力和取得的成功，告诉自己您做得很好！

解决应用 ImPACT 计划时持续遇到的困难

> **动动脑**
> 在您往前迈进的过程中，使用ImPACT计划有哪些困难？

- 想一想对孩子最有效的 ImPACT 计划策略。询问并回顾对您来说特别难以使用的策略。
- 想一想您在学习或与孩子使用 ImPACT 计划的策略时遇到的挑战。与您的教练讨论如何更容易地将 ImPACT 计划融入您的日常活动中。
- 与您的教练讨论您可能需要的额外支持，以继续使用 ImPACT 计划的策略。
- 与您的教练预约随访，以维持您的技能，并计划额外的会面时间。和教练谈一谈您希望多久见一次面。

让其他人加入

> **动动脑**
> 您可以教谁使用ImPACT计划中的方法？

现在您已经了解了干预措施，您可以教其他人如何对孩子使用 ImPACT 计划中的策略方法。

- 与其他为孩子提供支持的成员分享这些策略。

- 您还可以教您的家人和朋友如何使用这些策略。伴侣、爷爷奶奶、邻居和托管员都可以提供大力支持。
- 您还可以教您的其他孩子使用**专注于孩子**和**调整沟通方式**中的一些技术，以帮助他们的兄弟姐妹和他们一起玩耍。

如果您在教别人时遇到困难，请让您的教练和他们分享策略。

明确家庭的需求

在往前迈进的过程中，思考您的孩子和家人可能需要哪种类型的服务和支持。您的教练可以帮忙提供建议和推荐。

- 想一想您为孩子制定的、尚未在计划中实现的目标。
- 讨论孩子持续的干预计划。考虑其他可能有益于孩子的服务。
- 讨论可能有益于您和家人的支持或服务。

动动脑

在您为孩子制定的目标中，有哪些尚未在 ImPACT 计划中实现?

本章末尾的第三张表单是一份练习计划表，它将帮助您*为后续成功做计划*。您的教练将协助您完成练习计划表的上半部分，并向您展示在家练习后将如何完成下半部分。

社交沟通检查表（家长版）

孩子姓名:____________ 家长姓名:____________ 日期:____________

完成“社交沟通检查表”可以帮助您更好地了解孩子当前的社交沟通技能，并帮助您在社交参与、沟通、社交模仿和游戏方面选择合适的目标。技能按照幼儿一般的发展顺序列出。**请根据您的孩子能够独立做的事情（即没有您帮助的情况下）填写此表单**。

- 对于每项技能，请指出您的孩子使用的频率：经常（至少 75% 的时间）；有时，但不总是；很少或还没有。
- 对于第 32—36 题，如果您的孩子“经常”或“有时”使用该技能，请同时指出孩子更常用的策略类型（非言语策略或言语策略）。
- 如果您的孩子以前使用过某项技能，但现在因为能使用更复杂的技能而不再使用以前的技能（例如，孩子过去会以牙牙学语的方式沟通，但现在会使用词语沟通），请在以前的技能一项中选择“经常”。

技能	经常（至少 75% 的时间）	有时，但不总是	很少或还没有
社交参与			
1. 您的孩子喜欢和您面对面互动吗？			
2. 您的孩子是否亲近您或其他家庭成员？			
3. 您的孩子是否能与您进行简单的社交游戏，至少 3 个回合（例如，躲猫猫、追逐或拍手歌）？			
4. 您的孩子在社交游戏中是否能保持与您积极互动至少 5 分钟？			

（续表）

技能	经常（至少 75% 的时间）	有时，但不总是	很少或还没有
社交参与			
5. 您的孩子在社交游戏中是否能保持与您积极互动至少 10 分钟？			
6. 您的孩子在玩具游戏中是否能保持与您积极互动至少 2 分钟？			
7. 您的孩子在玩具游戏中是否能保持与您积极互动至少 5 分钟？			
8. 您的孩子在玩具游戏中是否能保持与您积极互动至少 10 分钟？			
9. 您的孩子是否会在您停止游戏后主导游戏或尝试继续游戏（例如，使用眼神交流、对您微笑、发声或触摸您）？			
10. 当您试图将孩子的注意力引向某样东西或某人上时（当您指向某处、使用语言或者转移视线时），孩子会有反应吗？			
11. 当您的孩子与您互动或交流时，是否有目光接触？			
12. 您的孩子是否能主动发起活动或与您做游戏（例如，给您一个玩具或找您陪他一起玩）？			
13. 您的孩子会和您轮流吗？			
14. 您的孩子是否能为了分享而指向或向您展示他感兴趣的物品？			
15. 当人们进出房间时，您的孩子是否会打招呼和道别？			

（续表）

技能	经常（至少 75% 的时间）	有时，但不总是	很少或还没有
运用沟通——形式维度（表达性语言）			
16. 您的孩子是否会牙牙学语或使用类似说话的声音？			
17. 您的孩子是否使用手势来要求获得物品或动作（例如，引导您找到物品、指向某处或使用手势动作）？			
18. 当您的孩子看到两种选择时，是否能通过伸手、眼神、声音或词语来表达明确的选择？			
19. 您的孩子会模仿您说话的声音或内容吗？			
20. 您的孩子会自发地使用单个词语吗？			
21. 您的孩子会命名物品吗？			
22. 您的孩子会命名动作吗？			
23. 您的孩子是否会将单个词语组合成简单的短语（例如，“开车”或“推火车”）？			
24. 您的孩子是否能用词语来描述物品（例如，“大红球”或“小绿球”）？			
25. 您的孩子能恰当地使用代词吗？			
26. 您的孩子是否能使用各种时态（例如，以“-ing”或“-ed”结尾的单词）？①			
27. 您的孩子是否能经常使用句子交流？			

① 中文里没有动词时态用法，本题可略过。——译者注

（续表）

技能	经常（至少 75% 的时间）	有时，但不总是	很少或还没有
运用沟通——形式维度（表达性语言）			
28. 您的孩子是否能回答关于他自己的简单问题（例如，“你叫什么名字？”或“你多大了？”）？			
29. 您的孩子是否能回答关于他的想法、需求或环境的简单问题（例如，“你想要什么？”“这是什么？”或“它在哪里？”）？ 如果是，请勾选孩子能回答的问题类型： □ 是什么 □ 在哪里			
30. 您的孩子是否能回答关于“谁”“为什么”或“怎么样”的问题（例如，“谁在开车？”或“你为什么难过？”）？ 如果是，请勾选孩子能回答的问题类型： □ 谁 □ 为什么 □ 怎么样			
运用沟通——功能维度（表达性语言）			
31. 您的孩子是否有意对您牙牙学语或使用类似说话的声音（即和您交流）？			

（续表）

技能	经常（至少 75% 的时间）	有时，但不总是	很少或还没有
运用沟通——功能维度（表达性语言）			
32. 您的孩子是否使用手势、眼神交流、面部表情、声音或语言来要求获得想要的物品或活动？ 如果您的孩子经常或有时会使用这项技能，请指出您的孩子更经常使用哪种策略来要求获得他想要的物品或活动： □ 非言语策略（手势、眼神交流、面部表情或声音） □ 言语策略（词语或句子）			
33. 您的孩子是否用手势、眼神交流、面部表情、声音或语言来抗议或告诉您他不想要什么？ 如果您的孩子经常或有时会使用这项技能，请指出您的孩子更经常使用哪种策略来要求获得他想要的物品或活动： □ 非言语策略（手势、眼神交流、面部表情或声音） □ 言语策略（词语或句子）			
34. 您的孩子是否使用手势、眼神交流、面部表情、声音或语言来寻求帮助？ 如果您的孩子经常或有时会使用这项技能，请指出您的孩子更经常使用哪种策略来要求获得他想要的物品或活动： □ 非言语策略（手势、眼神交流、面部表情或声音） □ 言语策略（词语或句子）			

（续表）

技能	经常（至少 75% 的时间）	有时，但不总是	很少或还没有
运用沟通——功能维度（表达性语言）			
35. 您的孩子是否使用手势、眼神交流、面部表情、声音或语言来分享信息（例如，指向某处，代表“我看到了一架飞机”）？ 如果您的孩子经常或有时会使用这项技能，请指出您的孩子更经常使用哪种策略来要求获得他想要的物品或活动： ☐ 非言语策略（手势、眼神交流、面部表情或声音） ☐ 言语策略（词语或句子）			
36. 您的孩子是否通过手势、眼神交流、面部表情、声音或语言来引起您的注意（例如，“妈妈，过来”）？ 如果您的孩子经常或有时会使用这项技能，请指出您的孩子更经常使用哪种策略来要求获得他想要的物品或活动： ☐ 非言语策略（手势、眼神交流、面部表情或声音） ☐ 言语策略（词语或句子）			
37. 您的孩子是否会用词语来告诉您他的感受（例如，“受伤”“生气”或“开心”）？			
38. 您的孩子是否会用词语告诉您该做什么（例如，“喂宝宝”或“推车子”）？			
39. 您的孩子是否会告诉您已经发生的事情（例如，今天上学发生了什么事）？			
40. 您的孩子会用词语给您讲一个简单的故事吗？			

（续表）

技能	经常（至少 75% 的时间）	有时，但不总是	很少或还没有
运用沟通——功能维度（表达性语言）			
41. 您的孩子是否会问您问题来获得信息（例如，“那是什么？”或“狗在哪里？”）？			
42. 您的孩子会问关于“谁”“为什么”或“怎么样”的问题吗？			
43. 您的孩子是否能连续参与由大人发起的、三个回合的对话？			
44. 您的孩子是否能连续参与由大人发起的、多于三个回合的对话？			
45. 您的孩子是否会主动与他人对话？			
理解沟通（接受性语言）			
46. 当您的孩子被叫到名字时，他是否会看着别人？			
47. 当某人的名字被叫到时，您的孩子是否会看向那个人或那个人的照片？			
48. 您的孩子是否会在听到抑制性词语（例如，“不”或“停下”）后做出反应来停止行动？			
49. 您的孩子是否能指出多个被命名的身体部位？			
50. 您的孩子对自然游戏、穿衣服或就餐惯例中的一步指令（例如，“拿起你的杯子”）是否有恰当的反应？			

（续表）

技能	经常（至少 75% 的时间）	有时，但不总是	很少或还没有
理解沟通（接受性语言）			
51. 您的孩子在自然游戏、穿衣服或就餐惯例中是否能遵循多于一个步骤的指令（例如，“拿起你的杯子，放在桌上”）？			
52. 您的孩子是否能按要求去拿多件在房间里但不在他面前的物品？			
53. 您的孩子完成一项活动后会把游戏材料放好吗？			
模仿			
54. 您的孩子是否会模仿面部表情或动作（例如，吐舌头）？			
55. 您的孩子是否会模仿歌曲里或熟悉的日常活动中的行为或肢体动作［例如，《巴士上的轮子》[①]（*Wheels on the Bus*）中的动作］？			
56. 您的孩子是否会模仿日常的手势（例如，挥手道别、飞吻或拍手）？			
57. 在看到您做了熟悉的游戏动作（孩子自己会做的动作）后，您的孩子会模仿吗？			
58. 在看到您做了新的游戏动作（孩子自己不会做的动作）后，您的孩子会模仿吗？			
59. 在游戏过程中，您的孩子是否能与您进行更长时间的模仿互动（在这种互动中，你们会轮流模仿对方）？			

① 孩子熟悉的任何歌曲都可以。——译者注

（续表）

技能	经常（至少 75% 的时间）	有时，但不总是	很少或还没有
游戏			
60. 您的孩子是否能以探索的方式使用玩具（例如，触摸、放入口中、闻或看）？			
61. 您的孩子是否能将物品组合在一起（例如，将一件物品套入另一件物品、将物品放入容器中、排列、堆叠或以某种方式给玩具排序）？			
62. 您的孩子是否能使用因果性玩具（例如，机械玩具、弹出式玩具）？			
63. 您的孩子是否能根据玩具的功能来使用它（例如，球用来扔、车子用来推）？			
64. 您的孩子是否会对他自己做出熟悉的假装游戏动作（例如，假装吃饭、假装睡觉或假装用玩具电话交谈）？			
65. 您的孩子是否会将基本的假装游戏引向他人、玩偶或其他玩具（例如，假装喂家长或娃娃、给娃娃穿衣服或让娃娃睡觉）？			
66. 您的孩子是否能假装一件事物代表另一件事物（例如，假装一块积木是一辆车，或一摞积木是一栋建筑），将特征赋予一个没有此特性的物品（例如，假装玩具食品是“热的”或“好吃”），或者将物品拟人化（例如，让人偶行走或者让娃娃拿着杯子，而不是把杯子放在娃娃嘴边）？			

（续表）

技能	经常（至少 75% 的时间）	有时，但不总是	很少或还没有
游戏			
67. 您的孩子是否能将几个假装动作联系在一起，或者用玩具讲述一个延伸的故事（例如，把一个娃娃放在车里，然后把车推到商店）？			
68. 在游戏中，您的孩子是否能扮演一个想象中的角色（例如，假装成医生、消防队员、妈妈或爸爸）？			
69. 当您的孩子与至少一个人一起扮演想象中的角色时，是否会讲述一个延伸的故事（例如，孩子是医生，家长是病人；孩子是妈妈，兄弟姐妹是宝宝）？			
70. 您的孩子能在一个扩展的游戏流程中，在主导游戏的角色与跟随他人的想法之间转换吗？			

练习计划表——更新孩子的目标

日期：__________

计划

目标	活动	策略	可能有什么困难：
			可能的解决方法：

反思

哪些部分进展顺利？ 哪些部分遇到困难？	可能的解决方法：

练习计划表——为后续成功做计划

日期：__________

计划	
成就：	可能有什么困难：
下一步要做的事：	可能的解决方法：
所需的额外支持：	

反思	
哪些部分进展顺利？	可能的解决方法：
哪些部分遇到困难？	

第 8 章（选修）

管理孩子的问题行为

协助孩子在日常活动中采取恰当的行为

理解孩子的问题行为

- 识别问题行为产生的原因
- 收集有关孩子问题行为的信息
- 识别问题行为的模式

预防问题行为

- 避开诱因
- 给出明确的指令和期望
- 让任务更简单或更有趣
- 提供选择
- 在有挑战性的活动后面安排孩子喜欢的活动
- 预告将要发生的事件或例行活动中的改变

改变后果

- 开始奖励良好行为
- 停止奖励问题行为

教授替代技能

- 选择替代技能
- 使用提示和奖励来教授替代技能

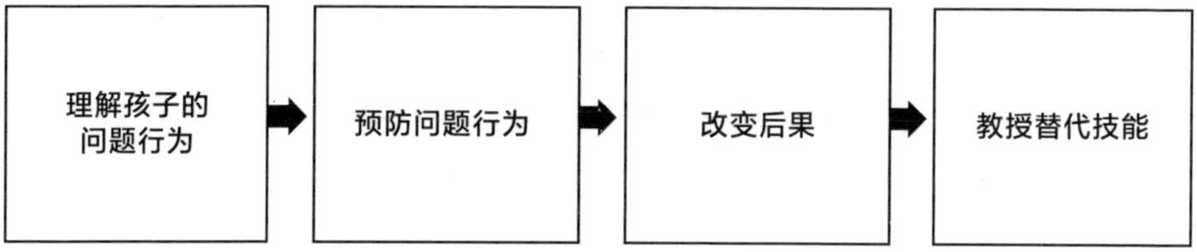

序列图

许多社交沟通发展迟缓的孩子会用不恰当行为或问题行为（例如，发脾气和攻击）表达他们的情绪和需求。随着社交沟通技能的提高，孩子的行为往往会有所好转。但是，如果您的孩子在您学习使用 ImPACT 计划后仍有问题行为，或者有一个或多个特定行为妨碍了 ImPACT 计划的完成，您可以使用本章中的附加策略来管理孩子的这些行为。

ImPACT 计划中的行为管理策略是基于*积极行为支持*（positive behavior support, PBS）的一种循证方法，它一开始会先通过评估理解孩子为什么使用问题行为，随后会制订一个具体的计划，协助孩子用恰当的行为表达情绪或需求。积极行为支持很适合在 ImPACT 计划中应用，因为它用积极的方式处理问题行为、注重教授新技能，并且不鼓励使用惩罚。您可以将这些策略与 ImPACT 计划的策略结合使用，帮助孩子发展更恰当的技能来满足自己的需求。

> 如果孩子的行为非常极端或危险，请与您的教练讨论除了干预策略之外的其他支持。

上一页的序列图列出了制订行为计划的步骤，您可以遵循这些步骤制订计划，以解决孩子的问题行为，并支持他使用新的、恰当的技能。您可以一次学习和练习其中一个步骤，看看如何完成每一步是最有效的。一旦您和您的教练制订了一个适合您家庭的计划，您就可以将整个计划写下来。您可以按照本章末尾提供的表单进行操作。

理解孩子的问题行为

所有的行为，无论好坏，都有其目的。社交沟通发展迟缓的儿童可能会用问题行为满足自己的需求，因为这些行为有效，或者因为他们没有其他方式可以表达感受和愿望，可见如下例子。

- 如果您的孩子难以告诉您他想要什么、需要什么或不喜欢什么，他可能会通过发脾气或做出有攻击性的行为来表达这些感受。

- 如果您的孩子不理解您要求他做什么或为什么这很重要，他可能不会遵循指令。
- 如果您孩子的游戏技能有限，他可能会进行不恰当的游戏，例如把书撕破、爬上家具或把抽屉里的东西拿出来等。
- 如果您的孩子难以让自己平静下来，那么当他感到害怕、沮丧或过度兴奋时，他可能会甩手、尖叫或咬自己。

识别问题行为产生的原因

制订行为计划的第一步是理解问题行为的目的，这样您就可以使用特定的策略处理它。对于幼儿来说，大部分问题行为的产生是出于以下一个或多个原因。

- 获得他们想要的东西，比如喜欢的玩具、食物或活动。
- 吸引某人的注意（即使不是积极的关注也是如此，比如被责骂或被教训）。
- 摆脱、逃避或推迟他们不喜欢的事情，比如做家务或自理活动、不愉快的感官体验或必须停止喜爱的活动。

有时，问题行为的产生有第四个原因。

- 这种行为本身是令人愉快的，或者在某种程度上能够帮助他们平静下来。这通常是自我刺激或重复行为的情况，如高声尖叫、甩手或撕纸。在这种情况下，无论是否有其他人在场，孩子都会这样做；他这样做是因为他喜欢这种感觉。

问题行为和所有行为一样，受到周围环境和事件的影响。在问题行为之前和之后立刻发生的具体事件，对于理解孩子为什么会有这样的行为很重要。

- 某些情况——它们被称为**诱发事件**（setting event）——会影响孩子

的行为，使问题更有可能发生。这些情况可能包括：

- ✧ 一天中特定的时间、特定的地点或活动；
- ✧ 当某些人在或不在的时候；
- ✧ 当孩子饿了、累了或生病的时候。

- 在问题行为之前发生的特定事件被称为**诱因**（trigger）或**前情**（antecedent）。这些事件引发了孩子的问题行为。事件例子可能包括让孩子穿鞋出门，或者让他在午餐时等待食物上桌等。
- 在问题行为之后发生的特定事件被称为**后果**（consequence）。这些事件通常会让问题行为持续出现。例如，行为后果是孩子可以玩自己喜欢的玩具、获得关注（积极的或消极的），或者不用收好玩具。

图 8.1 展示了一个例子，说明在问题行为前后发生的情境和事件如何影响这个行为并使其持续出现。

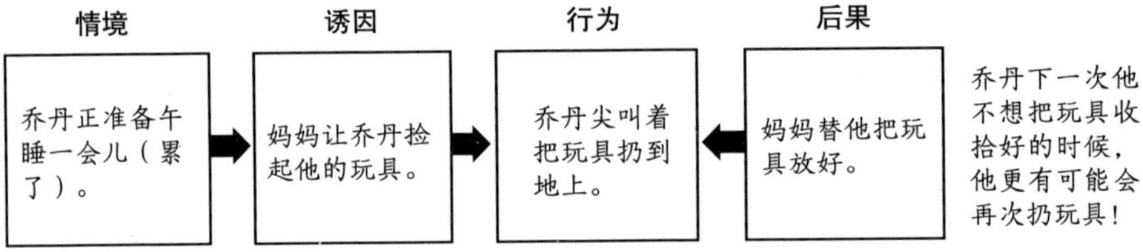

图 8.1　情境和事件如何影响问题行为（示例）

收集有关孩子问题行为的信息

> 不要试图一下子解决孩子所有的问题行为。如果您的孩子有不止一种类型的问题行为，选择其中一种作为开始。随着第一个行为得到改善，您可以开始解决其他行为问题。

您的教练会通过和您访谈来更好地了解您孩子的问题行为，问题行为最有可能和最不可能发生的情况，以及您以前尝试过用什么方式解决它。记录孩子每次的问题行为以及周围的情况和事件是很有用的。这需要付出一些努力，但非常有助于识别您事后回想孩子的行为时可能会错过的重要行为模式。您和教练会利用这些信息来理解孩子行为背后的原因。

描述问题行为

为了收集可能影响孩子行为的一致性信息，您需要清晰描述孩子的问题行为看起来或听起来是什么样的。

- 描述应该是具体的——您的孩子具体做了什么，而不是一般性的描述。表 8.1 提供了描述清晰和不清晰的例子。
- 描述应该足够清晰，足以让其他家庭成员、老师或朋友也认同当时发生了什么。

表 8.1　对问题行为的清晰描述和不清晰描述的示例

清晰的描述	不清晰的描述
乔丹尖叫着，躺倒在地板上，扔东西。	乔丹发作了。
卡洛斯爬上家具，抓起妈妈的东西，带着它们跑了。	卡洛斯在恶作剧。
索菲打、推、捏、挠弟弟，还拿走弟弟的玩具。	索菲对她弟弟很坏。

记录问题行为

一旦您对孩子的问题行为的情况有了概念，您就可以收集信息来识别行为的模式。“问题行为记录表（Challenging Behavior Record）”（本章末尾的第一张表单）可以帮助您记录孩子在家的行为的诱因和后果。每当孩子出现问题行为时，您可以在表单中记录以下信息。

- **情境**　写下任何可能导致行为问题的重要信息，比如一天中的时间、地点、活动、和某些人在一起，或者孩子是饿了还是累了。
- **诱因**　描述行为出现之前发生的具体事件。这可以帮助您更好地了解孩子产生问题行为的常见诱因。

- **行为** 描述问题行为看起来和听起来的情况。您还可以注明问题行为的持续时间或严重程度。
- **后果** 描述行为出现后发生的事情。这将为您和教练提供信息，了解什么可能会影响孩子的问题行为。

> 如果孩子的问题行为经常发生，很难找到时间记录，请不要给自己施加压力。和您的教练谈一谈记录行为的最佳时间，或者更容易记录的方法。

图 8.2 是针对乔丹完成的“问题行为记录表”的示例。乔丹的妈妈为他经常发脾气（包括尖叫和扔手里的东西）而感到担忧。

问题行为：尖叫，躺倒在地，扔东西			
情境 发生了什么事？	**诱因** 在此之前发生了什么？	**行为** 孩子的行为是什么样的？	**后果** 在此之后发生了什么？
要穿衣服，准备去上学。没有睡好，很难起床。	告诉他穿衣服去上学。	扔衣服，然后尖叫。	让他穿着睡衣，抱他去吃早餐。
放学后，在玩乐高。	告诉他要午睡了。	尖叫着躺倒在地板上。	等他平静下来，然后带他回自己的房间。
晚餐时间，很晚的时候吃了点心（不太饿）。	晚餐时准备了新食物。	扔食物和尖叫。	告诉他“不许扔食物”，然后把他带回自己的房间。

图 8.2 乔丹的“问题行为记录表”

每周记录孩子的问题行为对您家庭生活的干扰程度是有好处的，这能让您了解孩子的行为是变得更好、更糟还是保持不变。

- 请注意记录孩子的问题行为在一周内对您的日常生活造成了多大的干扰，并记录在本章每一份练习计划表中“行为追踪”那一栏里。

您和教练会通过这些信息判断您的行为计划是否有效，并根据需要进行调整。

“练习计划表——理解孩子的问题行为”（本章末尾的第二张表单）可用于帮助您与教练讨论您如何追踪孩子在家的行为。您的教练会协助您完成练习计划表的上半部分，并告诉您在家练习后将如何完成下半部分。

识别问题行为的模式

在您收集了关于孩子的行为和周围环境的信息后，您就准备好寻找问题行为出现的模式了。与您的教练合作，识别最有可能引发问题的情况。

- 想一想孩子最有可能出现问题行为的情境。是否在哪个日常活动、地点或时间段里存在某种模式？例如，孩子是否通常在晚上睡觉或午睡前出现行为问题？
- 现在想一想您已经写下或者和您的教练讨论过的诱因。这些诱因是否有共同点？例如，在孩子打他的妹妹之前，您是否通常很忙碌或在关注其他人（在打电话、做饭或和另一个孩子玩）？

动动脑

孩子问题行为最常见的诱因是什么？

- 一旦您识别了行为的可能诱因，请把它记录在“摘要记录表（Summary Statement Form）”中（本章末尾的第三张表单）。

接下来，您希望了解孩子出现问题行为的原因，或者想要通过问题行为传达的信息。通常，在问题行为之后发生的事情，会让问题行为持续发生。要了解行为出现的原因，请在后果中寻找模式。

- 您记录的后果有什么共同点吗？例如，当孩子打他的妹妹时，他是否通常会在某种程度上获得您的关注（被告知“不可以”、被抱起并远离妹妹、让他向妹妹道歉、被带去罚站等）？

- 如果后果没有一致的相似性，那么问题行为可能由多个原因导致。例如，孩子可能会通过尖叫来逃离他不喜欢的事物，并获得他喜欢的事物。或者行为本身在某种程度上是令人愉快的。例如，撕书中的纸可能对孩子来说本身就是种奖励。
- 一旦您确定了问题行为可能带来的后果，请把它记录在“摘要记录表”中（本章末尾的第三张表单）。

动动脑

孩子问题行为的后果是什么？

动动脑

孩子出现问题行为，最可能的原因是什么？

在您对孩子问题行为的诱因和后果有了很好的认识后，您可以想一想问题行为出现的原因。例如，如果您的孩子通常在您给他一个指令后发脾气，然后您通常会帮助他完成任务或者允许他不遵循指令，那他采取问题行为最有可能是为了摆脱他不喜欢做的事情。您的教练会协助您将这一信息记录在“摘要记录表”中（本章末尾的第三张表单），用以指导您的行为管理计划。

图 8.2 是一个例子，展示了乔丹的妈妈如何使用她在“问题行为记录表”中收集的信息来识别乔丹的行为模式。当乔丹的妈妈查看她所记录的行为诱因时，她注意到它们通常涉及请求或要求乔丹做一项任务，或开始一项他不喜欢或对他来说很难的活动（穿衣服、午睡、坐在桌边等）。当她查看行为后果的模式时，她发现伴随着每个行为后果，乔丹都能够摆脱或推迟任务或活动。例如，当乔丹扔衣服并尖叫时，妈妈就允许他穿着睡衣。当妈妈告诉他要午睡，而他尖叫或躺在地板上时，妈妈会让他平静下来，并且他不必马上上床睡觉。当乔丹在晚餐上扔食物时，妈妈把他带回他的房间，让他不必坐在餐桌旁。从这种模式中，乔丹的妈妈意识到乔丹发脾气的主要原因是为了摆脱或推迟他不喜欢的事情。她将这个模式写在“摘要记录表”上，以帮助她选择干预策略，如图 8.3 所示。

诱因	行为	后果	原因
被要求做他不喜欢的活动或困难的任务。	尖叫，躺在地板上，扔东西。	不用穿衣服，推迟午睡时间。可以不用吃完晚饭。	逃离或推迟他不喜欢的事情。

图 8.3　乔丹的“摘要记录表”

预防问题行为

在您对孩子什么时候以及为什么使用特定的问题行为有了更清晰的了解后，您可以制订一个计划来解决这些问题。通常，预防问题行为最简单的方法就是，从一开始就避免它发生。您可以通过避开诱因做到这一点。或者，您可以让困难的情况变得更容易，这样诱因就不太可能引发孩子的问题行为。最佳预防策略需要针对您在**理解孩子的问题行为**时确定的诱因和问题行为产生的原因。

避开诱因

防止问题发生的最简单方法，是避免通常会引发问题行为的情况或事件发生。下面列出了可能的诱因和预防问题行为的方法。

- 防止您的孩子看到或接触导致问题的事物。例如，如果孩子因为不能拿您的智能手机玩而沮丧，那就不要在他面前使用手机。如果他走进您的衣柜，把您所有的衣服从衣架上拉下来，那就在您的衣柜门上安一把锁。
- 如果您的孩子用问题行为吸引您的注意，那么，在您开始做一些需要集中注意力的活动前（例如，打一通重要的电话），先给孩子一点额外的关注或者让他参与一项他喜欢的活动。例如，在您开始做饭之前，先和孩子玩 10 分钟。

动动脑

您如何避开引发孩子问题行为的诱因?

- 如果您的孩子在等待他想要的东西时出现不恰当行为，那就提前准备好必要的物品。例如，等食物放到孩子的盘子里，再将孩子带到餐桌旁。
- 如果孩子会用问题行为来摆脱嘈杂、吵闹或其他会让他感到不舒服的环境，可以把相应活动安排在较少出现过度环境刺激的时候。例如，选择在超市不拥挤的时候去购物。
- 当孩子生病、饥饿、疲倦或沮丧时，避免安排对他来说困难的日常活动。相反，在一天中孩子情绪平静的时候安排活动。

避开诱因可能会让孩子在短期内停止行为，但并不总是一个长期解决问题的好方法，因为孩子仍然需要学习如何处理不愉快的情况。有时，您可能需要在教授替代技能时先从避开诱因开始，这将在本章末尾讨论。您也可以使用接下来的策略，让困难的情况变得更容易些。

给出明确的指令和期望

当孩子不理解自己应该做什么，或者不确定自己是否需要回应时，可能会做出不恰当的行为。针对即将出现的情况给出对预期行为的明确指令，通常会有所帮助。

- 在给出指令之前，要先吸引孩子的注意，并以坚定但友善的语气给出指令。
- 使用简单明了的指令。确保您一次只给出一个指令。第 5 章的“提示理解沟通”一节更详细地介绍了如何给出明确的指令。
- 以陈述的形式给出指令，而不是提问。例如，说“收拾玩具”，而不是“准备好收拾玩具了吗？”。
- 告诉您的孩子他应该做什么，而不是他不应该做什么。例如，告诉孩子“要走路”，而不是“不要跑”；“小声说话”，而不是“不要叫！”。

让任务更简单或更有趣

当孩子觉得一项任务或活动太难、令人沮丧或无聊时，可能会表现出问题行为。在这种情况下，您可以让任务变得更简单或更简短、在早期提供帮助或者让任务变得更有趣，从而预防问题行为。

- 让任务变得更简单或更简短。首先，您可能需要提供更多的帮助，把任务变得足够简单或简短，让孩子不费力地完成任务。例如，帮孩子拉上一点外套拉链，然后让他完成拉拉链的动作，而不是让他自己拉上拉链。或者，让孩子在桌旁坐两分钟，然后让他站起来，而不是直接要求他晚餐时间一直坐在餐桌旁。用计时器显示他需要等待多长时间可能会有好处。一旦孩子的行为得到控制，您就可以逐渐增加任务的难度或长度。
- 尽早提供帮助。不要等到孩子感到挫败时才这样做。
- 通过添加歌曲、游戏或孩子喜欢的玩具，让不愉快的任务变得更有趣。例如，当孩子该收拾玩具时，唱一首收拾的歌曲或比赛收拾玩具，或者让孩子坐在餐桌旁玩他的玩具车。
- 当孩子无法避免等待时，先计划好活动。例如，当您知道可能需要在医生办公室外等候时，随身携带孩子喜欢的玩具、零食或做他喜欢的活动。

动动脑

您如何让困难的任务变得更容易或更有趣？

提供选择

让孩子对自己不喜欢的活动有一些控制权，通常有助于他变得更加顺从。一种方法是让孩子选择他想如何完成这项活动，或者选择他想在活动结束后做什么。

- 让孩子在他抗拒的日常活动中可以做选择。例如，当您帮他穿衣服时，让他选择是先穿裤子还是上衣，或者对他说：“你需要穿衣服。你想自己穿，还是让我帮你穿？”

- 不要给孩子一个您不想让他选择的选项！确保您对任何一个选项都满意，并且尊重他做出的选择。

在有挑战性的活动后面安排孩子喜欢的活动

安排好日常生活，让对孩子来说有困难的活动后面紧跟着他喜欢的活动。这样，孩子喜欢的一项活动或日常惯例就成了他完成困难的日常活动后的奖励。

- 使用“日常活动时间表”来确定孩子抗拒的日常活动和他喜欢的日常活动。
- 试着在孩子抗拒的日常活动（例如，穿衣服或刷牙）后面安排他喜欢的日常活动（例如，游戏时间或点心时间）。
- 让孩子在完成抗拒的活动后选择他喜欢的活动。例如，对他说：“该穿衣服了。穿好衣服之后，你想吃早餐还是看书［他喜欢的活动］？”

动动脑

您可以如何重新规划您的一天，在困难的日常活动后面安排孩子喜欢的日常活动？

预告将要发生的事件或例行活动中的改变

活动之间的过渡和日常活动的变化经常会引发幼儿的问题行为。以孩子能理解的水平给出明确的信息，让孩子知道该期待什么。

- 使用图片时间表，让孩子知道一天中会发生什么。在开始新的活动之前，向他展示他的时间表。如果可能，让孩子参与进来，并选择什么时候做哪些活动。
- 在转换活动之前，提供明确的警告。例如，离开公园前，给孩子一个“剩 5 分钟”的提醒，然后是“剩 2 分钟”的提醒。您也可以设置一个定时器，帮助孩子理解活动即将结束。

- 给孩子一件物品，让他知道将要发生的事情。例如，给孩子一个盘子，让他知道该吃午饭了；或者拿出他喜欢的洗澡玩具，让他知道该洗澡了。
- 在有挑战性的活动开始前解释活动的内容、规则和结果。您可能需要在孩子完成该活动后奖励他。例如，在进超市之前，说：“我们要去买牛奶、鸡蛋和麦片。你需要坐在购物车里，小声说话。结束后，你可以在车里听音乐 [作为奖励]。”

动动脑

您如何帮助孩子理解接下来会发生什么？

您可能需要多种策略来预防问题行为。但随着孩子掌握技能，而您也学习了最有效的方法，您将能够减少必须使用的预防策略数量。

图 8.4 呈现了乔丹的妈妈用来防止乔丹发脾气的技术。（该图显示了她如何填写“练习计划表——预防问题行为”的一部分，这是本章末尾的第四张表单。）这些技术包括避开诱因和让困难情境变得容易些。如前文所

行为：尖叫，躺在地上，丢东西	诱因：被要求做不喜欢的活动或困难的任务

避开诱因：

吃完早餐后，让乔丹穿好衣服。

提早15分钟起床。

让困难情境变得容易些：

在活动结束前5分钟和2分钟的时候给出提示。

要求乔丹坐下来吃饭，只坐5分钟。

让他选择穿什么和穿衣服的顺序。

唱一首关于穿衣服的儿歌。

图 8.4　乔丹的妈妈用来预防问题行为的策略

述，乔丹的妈妈通过“问题行为记录表”发现，乔丹发脾气的诱因似乎是被要求做他不喜欢或对他来说很难的任务或活动。在思考哪些活动对乔丹来说最具挑战性（穿衣服、午睡、坐在餐桌旁）后，妈妈调整了家庭日程，让这些活动在乔丹休息良好和不太饿的时候进行。她还确保他们都提前几分钟起床，这样就有足够的时间。此外，在让乔丹做某项任务或不愉快的活动之前，她开始给他倒数 5 分钟和 2 分钟的提醒。

乔丹的妈妈也通过“头脑风暴”想出了让困难任务变得更容易的方法。例如，她开始要求乔丹只在餐桌旁坐 5 分钟，而不是整个晚餐时间都坐在那里。她也开始在困难的任务中给他提供选择，并试图让任务变得更有趣。例如，给乔丹穿衣服时，妈妈让他选择穿什么和穿衣服的顺序，并把这些都编成了一首关于穿衣服的儿歌。

改变后果

孩子出现问题行为后得到的后果——包括您和其他人的反应——可能在某种程度上奖励了问题行为，并让问题行为持续发生，即便这种行为后果对您来说似乎不愉快。如果行为后果导致孩子得到他想要的和需要的，他可能会继续使用这种行为，可见如下例子。

- 如果孩子想要某个东西时变得越来越爱捣乱，那么让步会让他更有可能再次这样做。
- 如果孩子在想引起您的注意时出现不适当的行为，那么责骂或说教更有可能让他表现出问题行为，因为任何形式的关注——即使是负面关注——也往往比没有关注要好。
- 如果孩子因为不喜欢某样东西而变得沮丧，那么离开那个地方或者停止这项活动更有可能让他再次采取问题行为。

您可以通过改变后果来帮助孩子停止问题行为，如图 8.5 所示。您将同时通过下面的两种方式改变行为后果。

- 开始奖励良好行为。这叫**正向强化**，会让孩子了解您希望他使用什么行为。例如，当孩子好好地坐在餐桌旁时，您会给予他很多积极的关注。
- 停止奖励问题行为。这叫**消退**，会让孩子知道他的问题行为不再能让他得到他想要的。例如，当他爬到餐桌底下时，您将不再叫他的名字并试图哄他出来（不再能借此获得家长的注意力）。

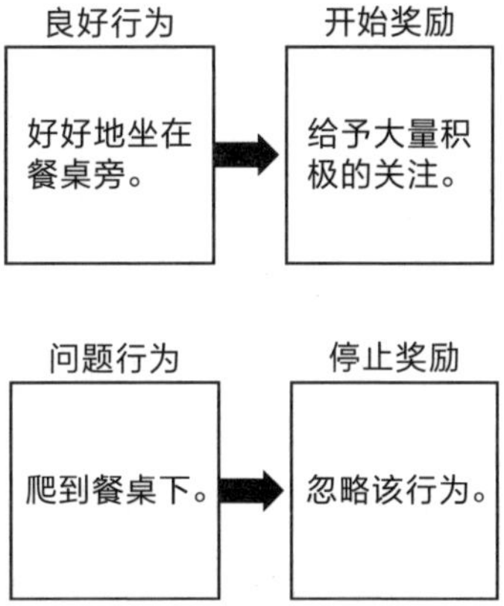

图 8.5　如何改变问题行为的后果（示例）

开始奖励良好行为

想一想您希望孩子用什么行为替代问题行为，并开始奖励这些行为。当您开始奖励孩子恰当的行为时，他会认识到，他可以用这些行为而不是问题行为来满足他的需求。表 8.2 可以帮助您根据孩子问题行为的原因，思考如何开始奖励孩子的良好行为。

表 8.2 如何根据孩子问题行为的原因改变行为后果

问题行为出现的原因	开始奖励良好行为	停止奖励问题行为
得到想要的物品和活动	当孩子提出恰当的要求时，让他得到他想要的东西。	当孩子做出问题行为时，不要让他得到他想要的东西。
获得关注	当孩子表现恰当时，给予他很多积极的关注。	当孩子做出问题行为时，停止与他进行眼神交流和交谈。
逃离任务和活动	当孩子在没有使用问题行为的情况下完成任务或活动时，给他奖励。	用肢体引导孩子完成任务或活动。

- 如果孩子为了得到他想要的东西（例如，食物、玩具或活动）而采取不恰当行为，试着在他使用手势、词语或句子等恰当的方式提要求时，把他想要的东西给他。您的教练可以帮助您决定哪种策略对孩子最有效。
  - ✧ 刚开始尽可能多地满足他恰当的要求。随着时间的推移，您可以开始让孩子等待更长的时间，以得到他想要的东西。
  - ✧ 有时，孩子想要的并不是一个可行的选项，这也没问题。您可以用图片向孩子展示哪些物品或活动可以选择，哪些不可选择。例如，当您不想让孩子看视频时，您可以给他看一张带有红色横杠的视频截图和另外两种他喜欢的活动的图片，并说："现在不可以选视频哦，你可以选橡皮泥或小汽车。"
- 如果孩子通过捣蛋来引起您的注意，那么，在他表现得体时给予他很多积极的关注。
  - ✧ 积极的关注包括表扬孩子、做出积极的评论、轻轻地抚摩孩子，以及使用 ImPACT 计划中的**"专注于孩子"**策略。
  - ✧ 您对孩子的关注程度将取决于他的问题行为在特定日常活动中的发生频率。例如，如果孩子在晚餐过程中耍脾气，您可能需要每 30 秒钟至少给他一次积极的关注。但是，当孩子正在做他喜欢的活动（例如，游泳）时，您可能只需要每隔几分钟关注他一次。

- 如果孩子用问题行为来摆脱他不喜欢的任务或活动，比如刷牙或收拾玩具，那么当他以恰当的方式参与任务或活动时，就奖励他。例如，如果孩子在您帮他刷牙时保持平静，您就可以让他看他喜欢的视频。

> 对良好行为的奖励必须比对问题行为的奖励更具激励性，否则您的孩子会选择使用问题行为。

动动脑

您可以如何开始奖励孩子的良好行为？

  - ✧ 不要一开始就要求太多。例如，如果孩子在您刷牙时保持平静30秒，您就可以奖励他，即便您还没有完成给他刷牙。随着时间的推移，在您奖励孩子之前，您可以慢慢增加对他的要求，或者增加他完成任务或活动所需的时间。
  - ✧ 您使用的奖励将取决于孩子喜欢什么，以及他觉得这项活动有多困难。对于更简单的任务或活动，表扬可能就是足够强大的奖励。对于极具挑战性的任务或活动，您可能需要使用更具激励性的奖励。您的教练可以帮助您确定哪些奖励最有效。
  - ✧ 请记住，您通常可以将孩子不喜欢的任务变得更简单，从而防止问题行为发生。当孩子表现得当时，在他不喜欢的活动中让他休息一下、降低要求或者提供帮助。

停止奖励问题行为

当您停止奖励孩子的问题行为时，他会发现这不再能帮助他满足自己的需求。随着时间的推移，他使用问题行为的可能性会降低。根据孩子问题行为的原因，使用表8.2帮助您思考如何停止奖励问题行为。

- 如果孩子为了得到或保留他想要的东西（例如，食物、玩具或活动）而表现得不恰当，当他出现问题行为时，不要让他得到他想要的东西。

✧ 这在公共场所可能很难做到，比如超市。如果您知道这可能是个问题，当孩子尚在学习用更适当的方式满足他的需求时，尝试预防这种问题行为。例如，让他在您购物时拿着他喜欢的玩具，或者让他在购物车里吃零食。

✧ 在您控制他的行为时，您可能需要把某些引起问题的东西收好。例如，如果孩子因为想玩您的平板电脑而一看到它就尖叫，您可能需要将它藏起来，直到他学会用更恰当的方式提要求。

- 如果孩子通过发脾气吸引您的注意，当他出现问题行为时，停止和他进行眼神交流或交谈。

✧ 这可能很难，因为许多父母认为他们需要纠正孩子的不恰当行为。但请记住，即使是消极的关注对孩子来说也是奖励。

✧ 如果孩子的行为不安全或有破坏性，比如爬高、伤害自己或他人、逃跑或打碎东西，您需要介入。试着用肢体引导他离开那个情境，不要和他进行眼神交流或交谈。

- 如果孩子用问题行为来摆脱他不喜欢的任务或活动（例如，刷牙或收拾他的玩具），当他表现不恰当时，不要让他逃离或避开当下的情境。

✧ 用肢体引导孩子完成任务或活动。您可能要让这个过程变得简短、简单。

✧ 用实事求是的方式引导他完成任务或活动。以平静的语气给出简短而清晰的指令。不要用太多的关注、鼓励甚至责骂的方式让他完成这项活动，因为这些都可能奖励他的问题行为。

> 当您的孩子发脾气时，这可能会非常令人沮丧。试着保持冷静，以实事求是的方式处理孩子的行为，即使您也有情绪。在您开始一项您知道孩子不喜欢的活动之前，让自己休息一下，这可能会有帮助。

动动脑

您如何停止奖励孩子的问题行为？

停止奖励听起来很简单，但并不总是那么容易。当您第一次停止奖励孩子的问题行为时，情况可能会在好转之前变得更糟。这是因为孩子还没有马上理解这种行为不再起作用了。例如，如果以前孩子大喊大叫总是能让您给他用您的平板电脑，但现在您没有反应，孩子可能会更大声地喊或踢东西。这种情况通常只持续一段时间，因为孩子知道结果达不到预期后就会停下来。

> 这一点很重要：如果孩子的问题行为变得更糟，请不要让步，否则孩子会意识到他可以用更具挑战性的行为来满足他的需求。

图 8.6 展现了乔丹的妈妈如何改变让乔丹一直发脾气的后果。（此图显示了她如何填写“练习计划表——改变后果”的一部分，这是本章末尾的第五张表单。）同样，乔丹发脾气的原因似乎是为了摆脱他不想做或对他来说很难做的事情。因此，妈妈开始在他不发脾气并参与一项不喜欢的活动时奖励他。由于穿衣服和吃饭对乔丹来说尤其具有挑战性，如果他穿衣服时没有尖叫或扔衣服，妈妈就让他玩 10 分钟他喜欢的火车；如果他在吃晚饭时平静 5 分钟，妈妈会给他一些点心。与此同时，妈妈已经决定，当乔丹发脾气时，她会马上用肢体引导他完成任务或活动。例如，如果他在穿衣服的时候发脾气，她会忽视并无论如何都给他穿上衣服；如果他在午睡的时候发脾气，她会把他抱到他的房间。

行为：	尖叫，躺在地上，扔东西	结果：	获得穿衣帮助，延迟午休时间，不用吃完晚饭

开始奖励良好行为：

表扬乔丹做他不喜欢的活动（穿衣服、午睡、吃晚饭），并且没有发脾气。

在乔丹不发脾气并穿上衣服后，让他玩10分钟火车。

吃晚饭时，在乔丹平静地坐下5分钟后，给他一些小点心。

停止奖励问题行为：

如果乔丹发脾气，马上用肢体引导他完成活动。

图 8.6　乔丹的妈妈用于改变后果的策略

教授替代技能

当您试图预防问题行为并改变其后果时，孩子可能仍然会使用问题行为。他们可能还不知道如何以更恰当的方式表达自己的需求。因此，**管理孩子的问题行为**的最后一步是教孩子使用替代技能——这种技能与问题行为的目的相同，并可以用来替代问题行为，可见如下例子。

- 如果孩子为了得到食物、玩具或活动而捣乱，教他用手势、词语或句子来表示想要这些东西。与您的教练讨论哪些技能对孩子最有效。
- 如果孩子为了引起您的注意而采取问题行为，教他用更适当的方式引起您的注意，比如轻拍您的手臂、叫您的名字或者说“和我一起玩”。
- 如果孩子通过问题行为逃避对他来说很难或不喜欢的任务或活动，教他如何用手势、词语或句子请求休息或请求您的帮助。
- 如果孩子使用问题行为是因为这让他感到愉快，教他使用更恰当的方式来获得类似的感官输入，比如咬一根耐嚼的软管子（而不是他的衣服），或者撕废纸（而不是书页）。

选择替代技能

确定孩子可以用什么技能——而不是问题行为——表达他的需求。

> **动动脑**
>
> 您能教孩子用什么技能替代问题行为？

- 您教的技能应该比问题行为更容易使用，并且在孩子沮丧的时候也容易使用。
- 这项技能对您和其他认识孩子的人（例如，家庭成员、教师和朋友）来说应该是可接受的。
- 这项新技能必须受到尊重。这意味着，如果孩子使用它，您需要对它做出回应。随着时间的推移，随着孩子学会使用更恰当的技能，您可以减少回应。

表 8.3 提供了您可以教孩子使用的替代技能（根据问题行为产生的原因）的例子。

表 8.3 教授替代技能的例子

问题行为产生的原因	替代技能
为了得到物品和活动	• 用手指向物品。 • 给物品或活动命名。 • 说“我想要……”。
为了获得关注	• 轻拍父母的手臂。 • 说“妈妈，看这里”或“和我一起玩”。
为了摆脱任务和活动	• 用手势表示“完成了”或“求助”。 • 摇头说“不要”。 • 说“不要”“完成了”或“我不想要……”。
为了获得感官输入（自我刺激）	• 玩玩具。 • 使用与问题行为有相似感官输入的材料。

使用提示和奖励来教授替代技能

您将使用 ImPACT 计划“**教授新技能**”中的提示和奖励策略，教孩子使用替代技能。第 5 章有更多关于如何有效使用提示和奖励的信息。要教孩子使用替代技能，您将要做以下的事情。

- 建立一个与问题情境相似的情境。向孩子展示和描述新技能，并在他使用问题行为之前帮助他使用新技能。当每个人都很平静，而您也不着急的时候，尽可能多地练习。
- 使用清晰的提示协助孩子使用新技能。您可能需要从支持度最高的提示开始教授替代技能。您的教练会帮助您确定使用哪些提示最好。

> 在困难的日常活动或任务中，孩子出现问题行为是常见的。如果孩子通过问题行为来摆脱某些任务或活动，您可以通过教授新技能帮他更加独立地参与这些活动。和您的教练谈谈哪些新技能可以帮助孩子在具有挑战性的活动中取得成功。

- 孩子使用替代技能后，立即给予奖励。奖励应该与他出现问题行为的原因相匹配。例如，如果孩子一直通过捏您来引起您的注意，当他轻拍您的手臂时，请关注他，以此作为奖励，即使您需要用肢体引导来帮助他。如果孩子一直在尖叫，直到您把他喜欢的饮料给他，那么当他用手指向饮料时，给他饮料作为奖励。
- 一旦孩子可以自己使用新技能，那么请在问题行为发生之前，提醒他在日常生活中使用新技能。例如，在开始一项让孩子感到沮丧的活动之前，说：“如果你需要帮助，就说‘帮我’。让我们来练习一下。”
- 当孩子刚开始使用替代技能时，每次都奖励他。一旦他能够一直使用替代技能，您就可以逐渐减少对他的奖励。如果孩子停止使用替代技能，说明您前进得太快了。请继续使用更频繁的奖励。

图 8.7 显示了乔丹的妈妈是如何教乔丹使用替代技能的。（此图显示她如何填写“练习计划表——教授替代技能”的一部分，这是本章末尾的第六张表单。）同样，乔丹发脾气的原因是为了摆脱或推迟做他不想做的事情。所以妈妈决定使用提示和奖励，教他说“休息”这个词来暂时停下他不喜欢的活动。这样，他就有了更恰当的方式，可以用来表达他需要休息。在开始一项乔丹不喜欢的活动之前，妈妈提醒他可以要求休息。当他开始表现出感觉挫败的迹象时，妈妈用期待的眼神看着他，提示他要求休息。妈妈问：“你需要什么？”然后在必要时示范说这个词。一旦乔丹说了“休息”这个词，妈妈就会奖励他，让他暂停活动并休息。如果他在不喜欢的

活动中保持平静，妈妈会继续奖励他做喜欢的活动或吃零食；如果他开始发脾气，妈妈则会用肢体引导他完成这项活动。随着乔丹越来越擅长穿衣服和坐在桌边，他将需要更少的休息时间。

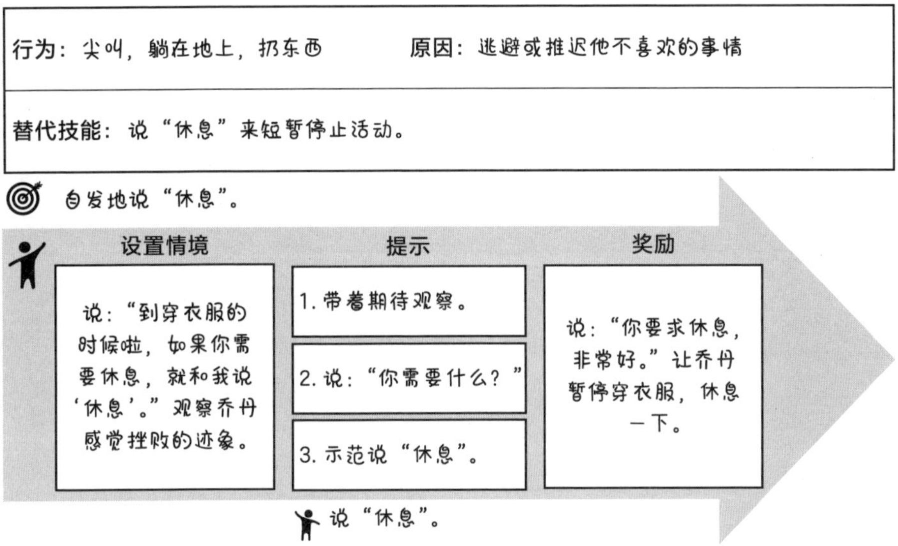

图 8.7　如何教乔丹使用替代技能——说“休息”一词以暂停他不喜欢的活动（示例）

问题行为记录表

孩子姓名：____________ 家长姓名：____________ 日期：____________

问题行为：			
情境 发生了什么事？	诱因 在此之前发生了什么？	行为 孩子的行为是什么样的？	后果 在此之后发生了什么？

练习计划表——理解孩子的问题行为

日期：__________

计划	行为追踪
可能有什么困难： 可能的解决方法：	本周孩子的行为在多大程度上干扰了您的家庭生活？ 一点也不 — 很少 — 每天一次 — 每天超过一次 — 每小时至少一次

反思	
哪些部分进展顺利？ 哪些部分遇到困难？	可能的解决方法：

摘要记录表

日期:__________

诱因	行为	后果	原因

练习计划表——预防问题行为

日期：__________

计划

问题行为：　　　　　　诱因：

避开诱因：

让困难情境变得容易些：

可能有什么困难：

可能的解决方法：

行为追踪

本周孩子的行为在多大程度上干扰了您的家庭生活？

一点也不	很少	每天一次	每天超过一次	每小时至少一次

反思

哪些部分进展顺利？

哪些部分遇到困难？

可能的解决方法：

练习计划表——改变后果

日期：__________

计划

问题行为：　　　　诱因：

开始奖励良好行为：

停止奖励问题行为：

可能有什么困难：

可能的解决方法：

行为追踪

本周孩子的行为在多大程度上干扰了您的家庭生活？

一点也不	很少	每天一次	每天超过一次	每小时至少一次

反思

哪些部分进展顺利？

哪些部分遇到困难？

可能的解决方法：

练习计划表——教授替代技能

日期:__________

计划

问题行为: 诱因:

替代技能:

设置情境

提示

1.

2.

3.

奖励

可能有什么困难:

可能的解决方法:

行为追踪

本周孩子的行为在多大程度上干扰了您的家庭生活?

一点也不	很少	每天一次	每天超过一次	每小时至少一次

反思

哪些部分进展顺利?

哪些部分遇到困难?

可能的解决方法:

行为计划表

诱因	行为	后果	原因

预防问题行为
改变后果
教授替代技能

延伸阅读

关于孤独症干预的循证实践回顾

National Autism Center. (2015). *Findings and conclusions: National Standards Project, Phase 2.* Randolph, MA: Author.

National Research Council (NRC). (2001). *Educating children with autism* (Committee on Educational Interventions for Children with Autism, C. Lord & J. P. McGee, Eds.). Washington, DC: National Academy Press.

Schreibman, L., Dawson, G., Stahmer, A., Landa, R., Rogers, S. J., McGee, G. G., . . . Halladay, A. (2015). Naturalistic developmental behavioral interventions: Empirically validated treatments for autism spectrum disorder. *Journal of Autism and Developmental Disorders, 45,* 2411–2428.

Wong, C., Odom, S. L., Hume, K., Cox, A. W., Fettig, A., Kucharczyk, S., . . . Schultz, T. R. (2014). *Evidence-based practices for children, youth, and young adults with autism spectrum disorder.* Chapel Hill: University of North Carolina, Frank Porter Graham Child Development Institute, Autism Evidence-Based Practice Review Group.

对于 ImPACT 计划的部分研究

Ingersoll, B., Berger, N., Wainer, A., & Walton, K. (2017). Efficacy of low intensity, therapist-implemented Project ImPACT for increasing social communication skills in young children with ASD. *Developmental Neurorehabilitation, 20,* 502–510.

Ingersoll, B., & Dvortcsak, A. (2006). Including parent training in the early childhood special education curriculum for children with autism spectrum disorders. *Journal of Positive Behavior Interventions, 8,* 79–87.

Ingersoll, B., & Wainer, A. L. (2013a). Initial efficacy of Project ImPACT: A parent-mediated social communication intervention for young children with ASD. *Journal of Autism and Developmental Disorders, 43,* 2943–2952.

Ingersoll, B., & Wainer, A. L. (2013b). Pilot study of a school-based parent training program for preschoolers with ASD. *Autism, 17,* 434–448.

Ingersoll, B., Wainer, A. L., Berger, N. I., Pickard, K. E., & Bonter, N. (2016). Comparison of a self-directed and therapist-assisted telehealth parent-mediated intervention for children with ASD: A pilot RCT. *Journal of Autism and Developmental Disorders, 46,* 2275–2284.

Ingersoll, B., Walton, K., Bonter, N., & Jelinek, S. (2012). A comparison of naturalistic behavioral and developmental, social-pragmatic interventions on language use and social engagement in children with autism. *Journal of Speech, Language, and Hearing Research, 55,* 1301–1313.

Pickard, K. E., Kilgore, A., & Ingersoll, B. (2016). Using community partnerships to better understand the barriers to using an evidence-based, parent-mediated intervention for ASD in a Medicaid system. *American Journal of Community Psychology, 57,* 391–403.

Pickard, K., Rowless, S., & Ingersoll, B. (2019). Understanding the impact of adaptations to a parent-mediated intervention on parents' ratings of perceived barriers, program attributes, and intent to use. *Autism, 23,* 338–349.

Pickard, K. E., Wainer, A. L., Bailey, K., & Ingersoll, B. (2016). A mixed-method evaluation of a telehealth-based parent-mediated intervention for children with ASD. *Autism, 20,* 845–855.

Stadnick, N. A., Stahmer, A., & Brookman-Frazee, L. (2015). Preliminary effectiveness of Project ImPACT: A parent-mediated intervention for children with autism spectrum disorder delivered in a community program. *Journal of Autism and Developmental Disorders, 45*(7), 2092–2104.

Stahmer, A. C., Brookman-Frazee, L., Rieth, S. R., Stoner, J. T., Feder, J. D., Searcy, K., & Wang, T. (2017). Parent perceptions of an adapted evidence-based practice for toddlers with autism in a community setting. *Autism, 21*(2), 217–230.

Wainer, A., Dvortcsak, A., & Ingersoll, B. (2018). Designing for dissemination: The utility of the deployment-focused model of intervention development and testing for parent-mediated intervention. In M. Siller & L. Morgan (Eds.), *Handbook of family-centered practice for very young children with autism* (pp. 425–444). New York: Springer.